财经类"十二五"规划实用技能教材

企业财务会计实训

主编／万元元

副主编／万方方　王彩霞　王　颖

立信会计 出版社

LIXIN ACCOUNTING PUBLISHING HOUSE

图书在版编目(CIP)数据

企业财务会计实训/万元元主编. —上海:立信会计
出版社,2013.8
高职高专"十二五"规划实用技能教材
ISBN 978-7-5429-3997-5

Ⅰ. ①企… Ⅱ. ①万… Ⅲ. ①企业管理-财务会计-
高等职业教育-教材 Ⅳ. ①F275.2

中国版本图书馆 CIP 数据核字(2013)第 206962 号

策划编辑   张巧玲   陈岗伟
责任编辑   陈 旻
封面设计   周崇文

企业财务会计实训

出版发行	立信会计出版社		
地　址	上海市中山西路 2230 号	邮政编码	200235
电　话	(021)64411389	传　真	(021)64411325
网　址	www. lixinaph. com	电子邮箱	lxaph@sh163. net
网上书店	www. shlx. net	电　话	(021)64411071
经　销	各地新华书店		

印　刷	上海肖华印务有限公司
开　本	787 毫米×1092 毫米　　1/16
印　张	13
字　数	270 千字
版　次	2013 年 8 月第 1 版
印　次	2016 年 3 月第 3 次
印　数	6 201—9 300
书　号	ISBN 978-7-5429-3997-5/F
定　价	26.00 元

如有印订差错,请与本社联系调换

前　言

　　会计实训是一门实践性、操作性较强的课程,是提升会计专业能力的主干课程。企业财务会计实训课程的教学目的是通过一定的实践操作练习,缩短理论与实际的距离,培养学生的会计操作能力。

　　本书在强调理论的基础上,紧密联系实际,符合企业财务会计课程的核算特点与要求。全书的十个模块同属一个会计主体、一个会计期间,期末形成一套完整的资产负债表、利润表、现金流量表。各模块之间相对独立又紧密联系,形成了一个完整的会计核算体系。实训资料采用理论描述和原始凭证表述两种方式,有利于提高学生的会计核算能力。

　　本书结合考证要求、赛训要求、岗位要求精心选择实训案例,力求体系结构合理,内容安排恰当,模拟性和可控性强。主要内容包括:货币资金、金融资产、存货、固定资产、无形资产、流动与非流动负债、利润表要素、所有者权益、财务报表的编制等实训。书后配有参考答案,可作为会计类、财务管理类等专业本、专科生的教材,也可作为会计工作者的参考书。

　　本书由万元元担任主编。各模块的编写人员:模块一由陕西省行政学院苗春燕编写,模块二由陕西省行政学院张娟娟编写,模块三由陕西省行政学院王彩霞编写,模块四由陕西省行政学院佘莒泓编写,模块五、模块六和参考答案由中国水电建设集团十五工程局有限公司万方方编写,模块七、模块八由陕西省行政学院万元元编写,模块九由西安思源学院王颖编写,模块十由华中科技大学任婷钰编写。全书由万元元统稿。

　　写作本书时力求概念、图表、解释符合专业规范,但书中仍难免有疏漏和不足之处,恳请广大读者提出宝贵意见。

编　　者

2013 年 8 月

目　　录

实 训 资 料

一、实训企业简介

（一）基本情况

1. 会计主体：西安红星有限责任公司。
2. 法人代表：李刚。
3. 注册资金：5 000 万元。
4. 地址：西安市友谊西路 180 号。
5. 电话：88419999。

（二）财务部门及单位负责人简介

岗 位	姓 名	工 作 分 工
财务科长	雷鸣	审核
会计 1	李光	制单、记账
会计 2	李丽	记账、工资等
会计 3	蓝伟	记账、工资、材料等
出纳	王虹	现金、银行存款的收付等
单位主管	王红梅	
经理	杨春秋　李刚	

（三）会计期间

会计期间：2012 年 1 月 1 日至 2012 年 12 月 31 日。

模拟实训会计期间：2012 年 12 月 1 日至 2012 年 12 月 31 日。

（四）企业信息

1. 企业为增值税一般纳税人。
2. 纳税识别号：610103443333222。
3. 开户银行：中国工商银行黄雁支行。
4. 账号：88878685。
5. 银行预留印鉴。

二、企业库存商品及原材料介绍

库 存 商 品

产品名称	单位	结存数量	成本(元/台)	期初结存金额	售价(元/台)
游艺机甲	台	1237	10 000	12 370 000	15 000
游艺机乙	台	186	15 000	2 790 000	20 000
游艺机丙	台	175	40 000	7 000 000	60 000
游艺机丁	台	100	25 000	2 500 000	40 000

原材料——原料及主要材料(按实际成本核算)

材料名称	单位	结存数量	价格(计划)(元/吨)	结存金额	价格(实际)(元/吨)
钢材－A	吨	20	4 800	100 000	5 000
钢材－B	吨	320	3 200	960 000	3 000
钢材－C	吨	10	2 100	20 000	2 000
钢材－D	吨	20	2 600	50 000	2 500

原材料——原料及主要材料(按计划成本核算)

材料名称	单位	结存数量	价格(计划)(元/吨)	价格(实际)(元/吨)	结存金额
钢材－A	吨	20	5 000	5 000	100 000
钢材－B	吨	320	3 200	3 000	1 024 000
钢材－C	吨	10	2 000	2 000	20 000
钢材－D	吨	20	2 500	2 500	50 000

三、有关账户期初余额

账 户 余 额 表

2012 年 12 月 1 日

单位:元

编号	总 分 类	明细分类账户	借 方	贷 方
	资产、成本类			
	流动资产:			
1001	库存现金	人民币	5 000	
1002	银行存款	中国工商银行	19 285 000	
1012	其他货币资金	存出投资款	63 000	
1101	交易性金融资产		150 000	
		成本	100 000	
		公允价值变动	50 000	
1121	应收票据		2 460 000	
		西安大唐有限责任公司	2 460 000	
1123	预付账款		100 000	
		西安北方有限责任公司	100 000	
1122	应收账款		4 000 000	
		西安大唐有限责任公司	2 000 000	
		西安南湖有限责任公司	2 000 000	

编号	总　分　类	明细分类账户	借　方	贷　方
1231	坏账准备			9 000
1132	应收利息		0	
1131	应收股利		0	
1121	其他应收款		0	
1403	原材料		1 194 000	
		原料及主要材料	1 194 000	
		钢材——A	100 000	
		钢材——B	1 024 000	
		钢材——C	20 000	
		钢材——D	50 000	
1404	材料成本差异			64 000
		原料及主要材料		64 000
		钢材——B		64 000
1405	库存商品		24 660 000	
		游艺机甲	12 370 000	
		游艺机乙	2 790 000	
		游艺机丙	7 000 000	
		游艺机丁	2 500 000	
	非流动资产：			
1511	长期股权投资		2 510 000	
1601	固定资产		9 000 000	
		生产用固定资产	7 000 000	
		设备甲	3 000 000	
		设备乙	2 000 000	
		设备丙	2 000 000	
		房屋及建筑物	2 000 000	
		建筑物	2 000 000	
1602	累计折旧			1 000 000
		房屋及建筑物		
		建筑物		1 000 000
1604	在建工程		5 000 000	
1606	固定资产清理		0	
1701	无形资产		10 000 000	
		专利权	10 000 000	

编号	总 分 类	明细分类账户	借 方	贷 方
1702	累计摊销			4 000 000
		专利权摊销		4 000 000
	递延所得税资产		0	
	负债类			
	流动负债:			
2001	短期借款	中国工商银行		3 000 000
2301	应付票据			2 000 000
		西安东方有限责任公司		585 000
		西安南方有限责任公司		1 415 000
2202	应付账款			548 000
		西安西方有限责任公司		548 000
2203	预收账款			9 000 000
		西安百盛有限责任公司		9 000 000
2211	应付职工薪酬			1 100 000
		工资		1 100 000
2221	应交税费			366 000
		应交所得税		366 000
2231	应付利息			0
2232	应付股利			0
2241	其他应付款			640 000
	非流动负债			
2501	长期借款			4 600 000
		本金		4 000 000
		应计利息		600 000
2502	应付债券			600 000
		面值		600 000
	递延所得税负债			
	所有者权益类			
4001	实收资本			50 000 000
4002	资本公积			0
	减:库存股			0
4101	盈余公积			1 000 000
4104	利润分配	未分配利润		500 000
			78 427 000	78 427 000

四、实训程序

1. 根据科目余额建立总分类账。
2. 根据科目余额建立明细分类账及日记账。
3. 根据实训资料审核原始凭证。
4. 根据审核无误的原始凭证编制记账凭证。
5. 根据记账凭证登记日记账及明细分类账。
6. 根据记账凭证编制科目汇总表。
7. 根据科目汇总表登记总分类账。
8. 期末账账、账证、账实核对。
9. 期末编制资产负债表、利润表、现金流量表。

模块一　库存现金、银行存款、其他货币资金

【学习任务】

1. 能够正确审核库存现金、银行存款、其他货币资金相关的原始凭证。
2. 能够根据相关的原始凭证编制记账凭证。
3. 熟练登记库存现金、银行存款日记账。
4. 熟练登记其他货币资金明细分类账。
5. 能够正确编制科目汇总表。
6. 能够根据科目汇总表登记相关的总分类账。

【知识目标】

1. 掌握库存现金的管理制度、库存现金及库存现金清查的基本理论、基本核算方法。
2. 掌握银行存款账户的开设和使用的基本理论、基本方法。
3. 掌握银行存款日常收付业务的核算方法。
4. 掌握其他货币资金的核算内容。
5. 掌握其他货币资金的核算方法。

【技能目标】

1. 掌握库存现金的日常业务账务处理方法。
2. 掌握库存现金清查的基本账务处理方法。
3. 掌握库存现金、备用金的基本账务处理方法。
4. 掌握银行存款的基本账务处理方法。
5. 掌握其他货币资金的基本账务处理方法。

实训一　库存现金、银行存款

【1-1】 2012 年 12 月 1 日,西安红星有限责任公司提取现金 10 000 元,以备零用。

中国工商银行

现金支票存根

支票号码　No.67893210

附加信息

出票日期 *2012* 年 *12* 月 *1* 日

收款人: *西安红星有限责任公司*
金额: *￥10,000.00*
用途: *零用*

单位主管: *王红梅*　　会计: *李丽*

【1-2】 2012 年 12 月 1 日,厂部管理人员王琳预借差旅费 4 000 元。

借　款　单 (记 账)

2012 年 *12* 月 *1* 日　　　　顺序第　　号

借款单位	厂办	姓名	王琳	级别	科级	出差地点	济南
						天　数	6 天
事由	开会	借款金额(大写)		肆仟元整			￥4000.00
单位负责人签署	王红梅	借款人签章		王琳	注意事项	一、有*者由借款人填写 二、凡借用公款必须使用本单 三、出差返回后三日内结算	
机关首长或授权人批示	同意 杨春秋	审核意见		**现金付讫**		同意	

【1-3】 2012 年 12 月 2 日,现金盘点短款 50 元,是由出纳王虹多付款造成的。

现金盘点报告单

日期	账面余额	实际库存额	长款	短款	原因	处理意见
2012.12.2	11000.00	10950.00		50.00	多付款	个人赔款

出纳: 王虹　　　　会计: 李光　　　　　　财务主管: 雷鸣

【1-4】 2012 年 12 月 3 日,收到王虹的赔款。

收 款 收 据

2012 年 12 月 3 日

今收到:	王虹	
交 来:	赔款	
人民币(大写)	伍拾元整	￥50.00
收款单位公 章	(财务专用章)	收款人 王虹　交款人 王虹

会计: 李丽　　　　出纳: 王虹　　　　制单: 李光

【1-5】 2012 年 12 月 6 日,厂部管理人员王琳报销差旅费 3 600 元。

差 旅 费 报 销 单

报销部门: 西安虹星有限责任公司厂部　　报销日期: 2012 年 12 月 6 日　　附件: 10 张

出差人员: 王琳 李朝						出差事由: 与山东大光公司谈合作			
出 发			**到 达**			**差 旅 费**			
月	日	地点	月	日	地点	交通工具	金额	其他费用	
								项目	金额
12	1	西安	12	1	济南	火车	350.00	住宿费	2200.00
12	5	济南	12	5	西安	火车	350.00	市内交通	600.00
								其他	100.00
合计							700.00		2900.00
合计(大写): ○拾 ○万 叁仟 陆佰 零拾 零元 零角 零分								￥3600.00	
总经理 杨春秋		财务部　核准: 雷鸣　审核: 李光				单位主管 王虹梅		领款人签字 王琳	
备注:									

收款收据

2012年12月6日

今收到：	王琳
交 来：	差旅费
人民币（大写）	肆佰元整　　　　　　　　　　　¥400.00
收款单位	
公 章	（西安红星有限责任公司 财务专用章）　收款人 王虹　交款人 王琳

会计：李丽　　　　出纳：王虹　　　　制单：李光

【1-6】 2012年12月6日，出纳王虹将现金400元存入银行。

中国工商银行黄雁支行现金交款单（回 单）③

2012年12月6日　　　　　No 0153482

款项来源	余款	收款	全称	西安红星有限责任公司
解款部门	厂部	单位	账号	88878685

				十	万	千	百	十	元	角	分
人民币（大写）：肆佰元整						¥	4	0	0	0	0

种类	张数	种类	张数	种类	张数	种类	张数	（银行盖章）
一百元	4	五元		五角		五分		中国工商银行西安市黄雁支行 收款 2013.12.06 复核 转讫
五十元		二元		二角		二分		
十元		一元		一角		一分		

此联由银行盖章退回单位

实训二　其他货币资金

【1-7】 2012 年 12 月 6 日,出纳王虹办理银行汇票11 700元。

中国工商银行黄雁支行汇票委托书　（存　根）　1

委托日期：*2012* 年 *12* 月 *6* 日

汇款人	西安红星有限责任公司	收款人	西安东方有限责任公司
账号或住址	西安市友谊西路180号 88878685	账号或住址	西安市金华南路60号 87878685
兑付地点	陕西省　西安市　工商银行	汇款用途	购买钢材-A

汇款金额	人民币 （大写）	壹万壹仟柒佰元整	千	百	十	万	千	百	十	元	角	分
						￥	1	1	7	0	0	0	0

中国工商银行西安市黄雁支行 2012.12.06 转讫

备　注

科　　目＿＿＿＿＿＿＿

对方科目＿＿＿＿＿＿＿

财务主管　　复核　　经办

中国工商银行
银行汇票

出票日期（大写）：贰零壹贰年壹拾贰月零陆日　　　代理付款行：　　　　行号：

收款人：		账号：	

出票金额	人民币（大写）　壹万壹仟柒佰元整										

实际结算金额	人民币（大写）　壹万壹仟柒佰元整	千	百	十	万	千	百	十	元	角	分
					￥	1	1	7	0	0	0	0

申请人：	西安市红星有限责任公司								
出票行：						科目（借）＿＿＿＿＿＿			
凭票付款	多余金额					对方科目（贷）＿＿＿＿			
备注：	业务专用章	千	百	十	万	千	百	十	元	角	分	兑付日期　年　月　日
出票行签章：												复核　　记账

【1-8】 2012年12月7日,采购员李立用银行汇票购买2吨钢材——A,价格5 000元/吨,钢材——A已验收入库。

陕西增值税专用发票

6100124120　　　　　　　　　　　　　　　　No 00653793

发 票 联

开票日期:2012 年 12 月 7 日

购货单位	名　　称:	西安红星有限责任公司					密码区	（略）	
	纳税人识别号:	610103443333222							
	地址 、 电话:	西安市友谊西路 180 号,88419999							
	开户行及账号:	中国工商银行黄雁支行,88878685							

货物或应税劳务名称	规格型号	单位	数量	单价	金额	税率	税额
钢材——A		吨	2	5 000.00	¥10 000.00	17%	¥1700.00

价税合计（大写）	⊗壹万壹仟柒佰元整	（小写）￥ 11 700.00

销货单位	名　　称:	西安东方有限责任公司	备注	（西安东方有限责任公司 610102788765123 发票专用章）
	纳税人识别号:	610102788765123		
	地址 、 电话:	西安市金华南路 60 号,83279999		
	开户行及账号:	中国工商银行金华南路支行,87878685		

收款人:王林　　　复核:刘强　　　开票人:金隶　　　销货单位:（章）

收 料 单

供货单位:西安东方有限责任公司　　2012年 12 月 7 日　　第　号

材料类别	名称及规格	计量单位	数量		实际成本		计划成本	
			应收	实收	单价	金额	单价	金额
钢材——A		吨	2	2	5 000.00	10 000.00		

质量检查:李一凡　　　采购:李立　　　库管:吴君　　　制单:蓝伟

模块二　交易性金融资产

【学习任务】

1. 能够正确审核交易性金融资产的原始凭证。
2. 能够根据审核无误的原始凭证编制记账凭证。
3. 熟练登记交易性金融资产明细分类账。
4. 能够正确登记公允价值变动损益与投资损益明细分类账。
5. 熟练编制科目汇总表。
6. 能够根据科目汇总表登记相关的总分类账。

【知识目标】

1. 理解交易性金融资产的含义。
2. 掌握交易性金融资产初始计量、后续计量、期末计量含义及其基本核算方法。
3. 理解长期股权投资的含义。
4. 掌握长期股权投资成本法和权益法的适用范围及基本核算方法。

【技能目标】

1. 掌握交易性金融资产的含义及确认方法。
2. 掌握交易性金融资产的初始计量及账务处理方法。
3. 掌握交易性金融资产的后续计量及账务处理方法。
4. 掌握交易性金融资产的期末计量及账务处理方法。
5. 掌握交易性金融资产处置的账务处理方法。

【2-1】 2012 年 12 月 7 日，西安红星有限责任公司用转账支票向西部证券公司划出投资款 10 000 000 元，款项已转入西部证券公司银行账户。

中国工商银行
转账支票存根

支票号码　No.67893212

附加信息

出票日期　*2012 年 12 月 7 日*

| 收款人：*西部证券公司* |
| 金额：￥*10 000 000.00* |
| 用途：*划出投资款* |

单位主管：*王红梅*　会计：*李丽*

【2-2】 2012 年 12 月 8 日，委托西部证券公司购入西飞国际上市公司股票 1 000 000 股，每股 8 元，另发生相关的交易费用 20 000 元，并将该股票划分为交易性金融资产。

西部证券西安营业部

941202	成交过户交割凭单		买
股东编号：A 128 463	成交证券：	*西飞国际*	
电脑编号：83 516	成交数量：	1 000 000	
公司编号：731	成交价格：	8.00	
申请编号：	成交金额：	8 000 000.00	
申请时间：	标准佣金：		
成交时间：	过户费用：		
上交余额：	印花费：	20 000.00	
上次成交：	应收金额：		
本次余额：1 000 000 股	附加费用：		
本次库存：	公允价值：		

经办单位：*西部证券公司*　客户签章：*西安红星有限责任公司*　日期：*2012 年 12 月 8 日*

【2－3】 2012 年 12 月 30 日，该股票在证券交易所的收盘价格为每股 8.10 元。

交易性金融资产公允价值损益计算表
2012 年 12 月 30 日
单位：元

交易性金融资产账面价值	公允价值	公允价值变动损益
8 000 000.00	8 100 000.00	100 000.00

制表：李光　　　　　　　　　审批：杨春秋

【2－4】 2012 年 12 月 31 日，将所持有的该股票全部出售，所得价款 8 250 000 元。假定不考虑相关税费。

西部证券西安营业部

841108	成交过户交割凭单		票
股东编号： A128463		成交证券：	西飞国际
电脑编号： 83516		成交数量：	1 000 000
公司编号： 731		成交价格：	8.25
申请编号：		成交金额：	8 250 000
申请时间：		标准佣金：	
成交时间：		过户费用：	
上交余额：		印花费：	
上次成交：		应收金额：	
本次余额：		附加费用：	
本次库存：	实收金额： 8 250 000.00		

经办单位：西部证券公司　　　客户签章：杨春秋　　　日期：2012 年 12 月 31 日

模块三 存　货

【学习任务】

1. 能够正确审核原材料相关的原始凭证。
2. 能够根据审核无误的原始凭证编制记账凭证。
3. 熟练登记原材料数量金额式明细分类账。
4. 熟练登记增值税进项税及销项税明细分类账。
5. 能够正确登记材料成本差异明细分类账。
6. 熟练编制科目汇总表。
7. 根据科目汇总表登记相关的总分类账。

【知识目标】

1. 理解存货的概念、特征、确认条件和分类。
2. 掌握存货的内容、存货成本的确定。
3. 掌握存货按实际成本计价的核算方法。
4. 掌握存货按计划成本计价的核算方法。
5. 掌握期末存货财产清查的基本核算方法。

【技能目标】

1. 熟练掌握按实际成本计价取得原材料的基本账务处理方法。
2. 熟练掌握按实际成本计价发出原材料时基本账务处理方法。
3. 熟练掌握按计划成本计价取得原材料的基本账务处理方法。
4. 熟练掌握按计划成本计价发出原材料的基本账务处理方法。
5. 熟练掌握材料成本差异及材料成本差异率的计算方法。
6. 熟练掌握购入原材料的不同支付方式的账务处理方法。

实训一　原材料按实际成本核算

【3-1】 2012 年 12 月 7 日，西安红星有限责任公司购入钢材——A10 吨，价格 5 000 元/吨，增值税专用发票记载的货款为 50 000 元，增值税额 8 500 元，全部款项已用转账支票付讫，钢材——A 已全部验收入库。

陕西省增值税专用发票

6100124120 　　　　　　　　　　　　　　　　　　　 No 00653794

开票日期：2012 年 12 月 7 日

购货单位	名　　　称：西安红星有限责任公司				密码区		(略)	
	纳税人识别号：610103443333222							
	地址 、 电话：西安市友谊西路 180 号，88419999							
	开户行及账号：中国工商银行黄雁支行，88878685							
货物或应税劳务名称	规格型号	单位	数量	单价	金额	税率	税额
钢材——A		吨	10	5 000.00	¥50 000.00	17%	¥8 500.00
价税合计 (大写)	⊗伍万捌仟伍佰元整　　　　　　　　(小写)¥58 500.00						
销货单位	名　　　称：西安东方有限责任公司				备注			
	纳税人识别号：610102788765123							
	地址 、 电话：西安市金华南路 60 号，83279999							
	开户行及账号：中国工商银行金华南路支行，87878685							

第二联： 发票联　购买方用作记账凭证

收款人： 王林　　　 复核： 刘强　　　 开票人： 金陵　　　　 销货单位：(章)

中国工商银行

转账支票存根

支票号码　No.67893213

附加信息

_____

出票日期 2012 年 12 月 7 日

| 收款人：西安东方有限责任公司 |
| 金额：¥58 500.00 |
| 用途：购钢材——A |

单位主管：　王红梅　　 会计：　李丽

收 料 单

供货单位：**西安东方有限责任公司**   *2012年 12月 7日*   第   号

材料类别	名称及规格	计量单位	数量		实际成本		计划成本	
			应收	实收	单价	金额	单价	金额
钢材——A		吨	10	10	5 000.00	50 000.00		

质量检查：**李一凡**   采购：**张伟**   库管：**吴君**   制单：**蓝伟**

【3-2】 2012年12月7日,西安红星有限责任公司采用汇兑结算方式购入钢材——B 10吨,价格3 000元/吨,发票及账单已收到,增值税专用发票记载的货款为30 000元,增值税额5 100元,现金支付市内运费1 000元,钢材——B 尚未到达。

陕西省增值税专用发票

6100124120   *No* 00653795

                                        开票日期：2012 年 12 月 7 日

购货单位	名 称	西安红星有限责任公司					密码区	（略）
	纳税人识别号：	610103443333222						
	地址 、 电话：	西安市友谊西路180号，88419999						
	开户行及账号：	中国工商银行黄雁支行，88878685						

货物或应税劳务名称	规格型号	单位	数量	单价	金额	税率	税额
钢材——B		吨	10	3 000.00	￥30 000.00	17%	￥5 100.00

价税合计（大写）	⊗叁万伍仟壹佰元整	（小写）￥35 100.00

销货单位	名 称	西安南方有限责任公司	备注	
	纳税人识别号：	610102788765909		西安南方有限责任公司 610102788765909 发票专用章
	地址 、 电话：	西安市金华北路65号，85279889		
	开户行及账号：	中国工商银行金华北路支行，83858685		

收款人：**李晓林**   复核：**张伟**   开票人：**苗红**   销货单位：（章）

第二联：发票联 购买方用作记账凭证

陕西省地方税务局机打发票　　　　　　　　西安

发票联

流水号：　　　　　　　　　　　　　　　　　代码：211010350529

付款单位（个人）：西安红星有限责任公司　2012 年 12 月 7 日　　No.04031031

企业所属行业	运输	税务登记号	610103817581604

项目：

运输费 ¥1000.00

缴款方式：现金

金额（大写）：壹仟元整　　金额（小写）：¥1 000.00

收款单位：西安运输公司　　收款人：季靖　　开票人：谢颢　　（手写无效）

中国工商银行电汇凭证（回单）　1

委托日期 2012 年 12 月 7 日

	全称	西安红星有限责任公司			收款人	全称	西安南方有限责任公司		
汇款人	账号	88878685				账号	83858685		
	汇出地点	陕西省西安市	汇出行名称	中国工商银行黄雁支行		汇入地点	陕西省西安市	汇入行名称	中国工商银行金华光路支行

金额	人民币（大写）	叁万伍仟壹佰元整	千	百	十	万	千	百	十	元	角	分
					¥	3	5	1	0	0	0	0

汇款用途：购货款　　　　　支付密码

中国工商银行西安市黄雁支行

2013.12.07

汇出行盖章

单位主管：　　会计：转讫

复核：　　　　记账：

此联是汇出行给汇款人的回单

【3－3】 2012 年 12 月 8 日，上述购入钢材——B 已收到，并验收入库。

收 料 单

供货单位：**西安南方有限责任公司**　　　**2012 年 12 月 8 日**　　　第　　号

材料类别	名称及规格	计量单位	数量		实际成本			计划成本	
			应收	实收	单价	运杂费	金额	单价	金额
钢材——B		吨	10	10	3 000.00	1 000.00	31 000.00		

质量检查：**李一凡**　　采购：**张伟**　　库管：**吴君**　　制单：**蓝伟**

【3－4】 2012 年 12 月 8 日，西安红星有限责任公司购入钢材——A20 吨，价格 5 000 元/吨，增值税专用发票记载的货款为 100 000 元，增值税额 17 000 元，对方代垫运杂费 1 000 元。材料已运到并验收入库，价税款项尚未支付，运杂费已用现金支付。

6100124120　　　　**陕西增值税专用发票**　　　№ 00663796

开票日期：2012 年 12 月 8 日

购货单位	名　　称：西安红星有限责任公司	密码区	（略）
	纳税人识别号：610103443333222		
	地址、电话：西安市友谊西路 180 号，88419999		
	开户行及账号：中国工商银行黄雁支行，88878685		

货物或应税劳务名称	规格型号	单位	数量	单价	金额	税率	税额
钢材——A		吨	20	5 000.00	￥100 000.00	17%	￥17 000.00

价税合计（大写）　　◎壹拾壹万柒仟元整　　　　（小写）￥117 000.00

销货单位	名　　称：西安东方有限责任公司	备注	西安东方有限责任公司 6101037876512 发票专用章
	纳税人识别号：610102788765123		
	地址、电话：西安市金华南路 60 号，83279999		
	开户行及账号：中国工商银行金华南路支行，87878685		

收款人：**王林**　　复核：**刘强**　　开票人：**全陵**　　销货单位：（章）

第二联：发票联 购买方用作记账凭证

陕西省地方税务局机打发票  西安

发 票 联

流水号：
付款单位（个人）：西安东方有限责任公司 2012 年 12 月 8 日

代码：211010350630
No.04031031

企业所属行业	运输	税务登记号	610103817581604

项目：
代垫运杂费 ￥1 000.00

缴款方式：现金
金额（大写）：壹仟元整   金额（小写）：￥1 000.00

收款单位：西安运输公司   收款人：李靖   开票人：谢颖   （手写无效）

（西安运输公司 610103817581604 发票专用章）

收 料 单

供货单位：西安东方有限责任公司   2012 年 12 月 8 日   第   号

材料类别	名称及规格	计量单位	数量		实际成本			计划成本	
			应收	实收	单价	运杂费	金额	单价	金额
钢材——A		吨	20	20	5 000	1 000	101 000		

质量检查：李一凡   采购：张伟   库管：吴君   制单：蓝伟

收 款 收 据

2012 年 12 月 8 日

今收到：	王虹	
交 来：	运杂费	
人民币（大写）	壹仟元整	￥1 000.00

收款单位
公 章 ___（西安东方有限责任公司 财务专用章）___   收款人 王琳   交款人 王虹

【3-5】 2012 年 12 月 8 日,西安红星有限责任公司开出一张面值为 58 500 元、期限为 5 个月的不带息银行承兑汇票,用于采购一批钢材——A10 吨,价格 5 000 元/吨,增值税专用发票上注明的材料价款为 50 000 元,增值税额为 8 500 元,钢材——A 已收到并已验收入库。

陕西省增值税专用发票

6100124120

No 00963797

开票日期:2012 年 12 月 8 日

购货单位	名　　　称: 西安红星有限责任公司 纳税人识别号:610103443333222 地址、电话: 西安市友谊西路 180 号,88419999 开户行及账号: 中国工商银行黄雁支行,88878685	密码区	（略）

货物或应税劳务名称	规格型号	单位	数量	单价	金额	税率	税额
钢材——A		吨	10	5 000.00	¥50 000.00	17%	¥8 500.00
价税合计（大写）	⊗伍万捌仟伍佰元整			（小写）¥58 500.00			

销货单位	名　　　称: 西安东方有限责任公司 纳税人识别号:610102788765123 地址、电话: 西安市金华南路 60 号,83279999 开户行及账号: 中国工商银行金华南路支行,87878685	备注	西安东方有限责任公司 610102788765123 发票专用章

收款人: 王林　　　复核: 刘强　　　开票人: 金陵　　　销货单位:（章）

第二联: 发票联 购买方用作记账凭证

银行承兑汇票　3　　　　汇票号码: 8770

出票日期（大写）贰零壹贰年壹拾贰月零捌日

出票人全称	西安红星有限责任公司	收款人	全称	西安东方有限责任公司
出票人账号	88878685		账号	87878685
付款行全称	中国工商银行黄雁支行		开户银行	中国工商银行金华南路支行

汇票金额	人民币（大写）伍万捌仟伍佰元整	千	百	十	万	千	百	十	元	角	分
				￥	5	8	5	0	0	0	0

汇票到期日（大写）	贰零壹叁年零伍月零陆日	付款人开户行	账号 地址	
交易合同号码:		承兑人开户行盖章		
备注:		复核　　　会计	业务章	

此联由出票人存查

收 料 单

供货单位: 西安东方有限责任公司　　2012年12月8日　　第　　号

材料类别	名称及规格	计量单位	数量		实际成本		计划成本	
			应收	实收	单价	金额	单价	金额
钢材——A		吨	10	10	5 000.00	5 0000.00		

质量检查: 李一凡　　　采购: 张伟　　　库管: 吴君　　制单: 盖伟

【3-6】 2012 年 12 月 8 日,西安红星有限责任公司办理银行承兑汇票,西安红星有限责任公司缴纳承兑手续费 29.25 元。

中国工商银行西安市分行邮、电、手续费收费凭证（借方凭证）　①

2012年 12 月 8 日

缴款人名称: 西安红星有限责任公司	信（电）汇　笔　汇票 1 笔　其他　笔
账号: 88878685	异托、委托　笔　支票　笔本　专用托收　笔

邮费金额	电报金额	手续费金额	合计金额	科目（借）＿＿＿＿
百 十 元 角 分	百 十 元 角 分	百 十 元 角 分	百 十 元 角 分	对方科目
		￥2 9 2 5	￥2 9 2 5	

合计金额	人民币（大写）:贰拾玖元贰角伍分	复核　记账　复票　转讫制票

中国工商银行西安市
黄雁支行
2012.12.08
转讫

【3-7】 2012 年 12 月 8 日,西安红星有限责任公司于 2012 年 7 月 8 日开出的 5 个月到期商业承兑汇票到期,通知其开户银行以银行存款支付票款。

商业承兑汇票　3　　　汇票号码: 8770

出票日期（大写）　　贰零壹贰年壹拾贰月零捌日

出票人全称	西安红星有限责任公司	收款人	全称	西安东方有限责任公司
出票人账号	88878685		账号	87878685
付款行全称	中国工商银行 黄雁支行		开户银行	中国工商银行金华南路支行

汇票金额	人民币（大写）伍拾捌万伍仟元整	千 百 十 万 千 百 十 元 角 分
		￥5 8 5 0 0 0 0 0

汇票到期日（大写）	贰零壹贰年壹拾贰月零捌日	付款人开户行	账号
			地址

交易合同号码:	承兑人开户银行盖章
备注:	复核　会计

中国工商银行西安市
黄雁支行
2012.12.08
转讫

此联由出票人存查

【3-8】 2012 年 12 月 8 日,西安红星有限责任公司购买钢材——D 20 吨,每吨 2 500 元,增值税专用发票注明的货款 50 000 元,增值税额 8 500 元,钢材——D 尚未验收入库。

陕西省增值税专用发票

6100124120   陕 西   国家税务局监制   发 票 联   *No* 00555798

开票日期:2012 年 12 月 8 日

购货单位	名　　称:西安红星有限责任公司 纳税人识别号:610103443333222 地址、电话:西安市友谊西路 180 号,88419999 开户行及账号:中国工商银行黄雁支行,88878685					密码区	(略)	

货物或应税劳务名称	规格型号	单位	数量	单价	金额	税率	税额
钢材——D		吨	20	2 500.00	￥50 000.00	17%	￥8 500.00
价税合计（大写）	⊗伍万捌仟伍佰元整				（小写）￥58 500.00		

销货单位	名　　称:西安北方有限责任公司 纳税人识别号:610104788765123 地址、电话:西安市自强路 12 号,53278888 开户行及账号:中国工商银行自强路支行,89978685	备注	西安北方有限责任公司 6101047887651123 发票专用章

收款人:张菁菁   复核:刘强   开票人:王坤   销货单位:（章）

第二联:发票联 购买方用作记账凭证

【3-9】 2012 年 12 月 8 日,西安红星公司根据"发料凭证汇总表"的记录,12 月份基本生产车间领用钢材——B 500 000.00 元,辅助生产车间领用钢材——B 40 000.00 元,车间管理部门领用钢材——B 5 000.00 元,企业行政管理部门钢材——B 5 000.00 元,合计 550 000.00 元。

发料汇总表（原材料）

2012 年 12 月 8 日

领料部门及用途		原料及主要材料——钢材——B
生产成本	基本生产成本	500 000.00
	辅助生产成本	40 000.00
车间管理部门		5 000.00
行政管理部门		5 000.00
合计		550 000.00

【3-10】 2012 年 12 月 20 日,西安红星有限责任公司对原材料进行清查,发现盘亏钢材——A 1 吨,价格 5 000 元/吨。

财产清查报告单

2012 年 12 月 20 日

财产名称规格	单位	单价	账面数量	实物数量	盘盈		盘亏		盈亏原因
					数量	金额	数量	金额	
钢材——A	吨	5 000	62	61			1	5 000	管理不善属于一般经营损失

审批:杨春秋　　　制单人:蓝伟　　　库管:吴君　　　财务科长:雷鸣

实训二　原材料按计划成本核算

【3-11】 2012 年 12 月 7 日,西安红星有限责任公司购入钢材——B 一批,增值税专用发票上记载的货款为 3 000 000 元,增值税额 510 000 元,发票账单已收到,计划成本为 3 200 000 元,钢材——B 已验收入库,全部款项已用转账支票付讫。

陕西省增值税专用发票

6100124120

No 00353799

开票日期:2012 年 12 月 7 日

购货单位	名　　　称:西安红星有限责任公司 纳税人识别号:610103443333222 地址、电话:西安市友谊西路 180 号,88419999 开户行及账号:中国工商银行黄雁支行,88878685				密码区		(略)	
货物或应税劳务名称	规格型号	单位	数量	单价	金额	税率	税额
钢材——B		吨	1 000	3 000.00	￥30 00000.00	17%	￥510 000.00
价税合计（大写）	⊗叁佰伍拾壹万元整				(小写)￥3 510 000.00		
销货单位	名　　　称:西安南方有限责任公司 纳税人识别号:610102788765909 地址、电话:西安市金华北路 65 号,85279889 开户行及账号:中国工商银行金华北路支行,83858685				备注			

收款人:李晓林　　　复核:张伟　　　开票人:苗红　　　销货单位:(章)

第二联:发票联　购买方用作记账凭证

中国工商银行
转账支票存根

支票号码　No.67893214

附加信息

出票日期 *2012 年 12 月 7 日*

收款人:西安南方有限责任公司
金额:￥3 510 000.00
用途:购钢材——B

单位主管: 王红梅　　会计:李丽

【3-12】 2012 年 12 月 7 日,西安红星有限责任公司购入钢材——C 一批,增值税专用发票上记载的货款为 200 000 元,增值税额 34 000 元,发票账单已收到,计划成本为 180 000 元,材料尚未入库,款项已用银行存款支付。

陕西省增值税专用发票

6100124120

No 00353800

开票日期:2012 年 12 月 7 日

购货单位	名　称:	西安红星有限责任公司		密码区	（略）
	纳税人识别号:	610103443333222			
	地址、电话:	西安市友谊西路 180 号，88419999			
	开户行及账号:	中国工商银行黄雁支行，88878685			

货物或应税劳务名称	规格型号	单位	数量	单价	金额	税率	税额
钢材——C		吨	100	2 000.00	￥200 000.00	17%	￥34 000.00

| 价税合计（大写） | ⊗贰拾叁万肆仟元整 | （小写）￥234 000.00 |

销货单位	名　称:	西安西方有限责任公司		备注	
	纳税人识别号:	610113788765123			
	地址、电话:	西安市大唐路 25 号，53279999			
	开户行及账号:	中国工商银行大唐路支行，86838685			

收款人：钱文文　　复核：王大伟　　开票人：杜锦　　销货单位：（章）

第二联：发票联 购买方用作记账凭证

中国工商银行
转账支票存根

支票号码　No.67893215

附加信息

出票日期 2012 年 12 月 7 日

收款人：西安西方有限责任公司

金额：￥234 000.00

用途：购钢材——C

单位主管：王红梅　　会计：李丽

【3-13】 2012 年 12 月 8 日,西安红星有限公司采用 3 个月到期银行承兑汇票方式购入钢材——D 一批,增值税专用发票上记载的货款为 500 000 元,增值税额 85 000 元,发票账单已收到,计划成本为 520 000 元,钢材——D 已经验收入库。

陕西省增值税专用发票

6100124120

陕西
发票
（国家税务总局监制）

No 00453801

开票日期：2012 年 12 月 8 日

第二联：发票联 购买方用作记账凭证

购货单位	名　　　　称	西安红星有限责任公司				密码区		（略）	
	纳税人识别号	610103443333222							
	地址、电话	西安市友谊西路 180 号，88419999							
	开户行及账号	中国工商银行黄雁支行，88878685							
货物或应税劳务名称	规格型号	单位	数量	单价	金额		税率	税额	
钢材——D		吨	200	2 500.00	￥500 000.00		17%	￥85 000.00	
价税合计（大写）		⊗伍拾捌万伍仟元整			（小写）￥585 000.00				
销货单位	名　　　　称	西安北方有限责任公司				备注			
	纳税人识别号	610104788765123							
	地址、电话	西安市自强路 12 号，53278888							
	开户行及账号	中国工商银行自强路支行，89978685							

收款人：张菁菁　　　复核：李华　　　开票人：王坤　　　销货单位：（章）

西安北方有限责任公司
610104788765123
发票专用章

银行承兑汇票 3　　　汇票号码：8770

出票日期（大写）　　　贰零壹贰年壹拾贰月零捌日

出票人全称	西安红星有限责任公司	收款人	全称	西安北方有限责任公司
出票人账号	88878685		账号	89978685
付款行全称	中国工商银行黄雁支行		开户银行	中国工商银行自强路支行

此联由出票人存查

| 汇票金额 | 人民币（大写）伍拾捌万伍仟元整 | 千 | 百 | 十 | 万 | 千 | 百 | 十 | 元 | 角 | 分 |
| | | | ￥ | 5 | 8 | 5 | 0 | 0 | 0 | 0 | 0 |

| 汇票到期日（大写） | 贰零壹叁年零叁月零捌日 | 付款人开户行 | 账号 | 88878685 |
| | | | 地址 | |

交易合同号码：

备注：

承兑人开户行盖章
复核　　　会计

中国工商银行西安市黄雁支行 业务章

【3-14】 2012 年 12 月 30 日,月末,西安红星有限责任公司汇总本月已付款或已开出银行承兑汇票的入库材料计划成本 3 720 000 元(3 200 000＋520 000)。

收 料 单

供货单位：　　　　　　　　　2012 年 12 月 30 日　　　　　　　第　　号

材料类别	名称及规格	计量单位	数量		实际成本		计划成本	
			应收	实收	单价	金额	单价	金额
钢材——B	吨	吨	1 000	1 000	3 000.00	3 000 000.00	3 200.00	3 200 000.00
钢材——D	吨	吨	200	200	2 500.00	500 000.00	2 600.00	520 000.00
合计			1 200	1 200	5 500.00	3 500 000.00		3 720 000.00

质量检查：李一凡　　采购：张伟　　库管：吴君　　制单：蓝伟

【3-15】 2012 年 12 月 30 日,结转入库材料成本差异,上述入库材料的实际成本为 3 500 000 元(3 000 000＋500 000),入库材料的成本差异为节约 220 000 元(3 500 000－3 720 000)。

入库材料成本差异计算表

2012 年 12 月 30 日　　　　　　　单位：元

项　　目	实际成本	计划成本	差异额
钢材——B	3 000 000.00	3 200 000.00	-200 000.00
钢材——D	500 000.00	520 000.00	-20 000.00
合计	3 500 000.00	3 720 000.00	-220 000.00

【3-16】 2012 年 12 月 30 日,西安红星有限责任公司根据"发料凭证汇总表"的记录,本月钢材——B 的消耗(计划成本)为：基本生产车间领用 520 000 元,辅助生产车间领用 52 000 元,车间管理部门领用 26 000 元,企业行政管理部门领用 5 200 元。

发料汇总表

2012 年 12 月 30 日　　　　　　　单位：元

领料部门及用途		原料及材料——钢材——B	差异率	差异额
生产成本	基本生产成本	520 000.00		26 000.00
	辅助生产成本	52 000.00	-5%	2 600.00
车间管理部门		26 000.00		1 300.00
行政管理部门		5 200.00		260.00
合计		603 200.00		30 160.00
差异率				

【3-17】 西安红星有限责任公司月初结存钢材——B的计划成本为1 024 000元。成本差异为节约64 000元;当月入库钢材——B的计划成本为3 200 000元,成本差异为节约200 000元,计算钢材——B的成本差异率。

【3-18】 结转发出材料钢材——B的成本差异。

模块四　固定资产

【学习任务】

1. 能够正确审核原始凭证。
2. 能够根据审核无误的原始凭证编制记账凭证。
3. 了解固定资产明细分类账的登记方法。
4. 熟练登记累计折旧的明细分类账。
5. 熟练登记处置固定资产及营业税金的明细分类账。
6. 熟练编制科目汇总表。
7. 能够根据科目汇总表熟练登记相关总分类账。

【知识目标】

1. 理解固定资产的含义、特征、分类。
2. 掌握固定资产初始计量方法。
3. 掌握固定资产的折旧计算方法及固定资产折旧的核算方法。
4. 掌握固定资产后续支出的核算方法。
5. 掌握固定资产处置的核算方法。

【技能目标】

1. 熟练掌握外购不需要安装的固定资产初始计量的基本账务处理方法。
2. 熟练掌握外购需要安装的固定资产初始计量的基本账务处理方法。
3. 熟练掌握固定资产折旧的计算方法及基本账务处理方法。
4. 熟练掌握固定资产处置的基本账务处理方法。

【4-1】 2012年12月9日，西安红星有限责任公司购入1台不需要安装即可投入使用的设备甲，取得的增值税专用发票上注明的设备价款为30 000元，增值税额5 100元，另支付运输费300元，包装费400元，款项以转账支票付讫。增值税进项税额不纳入固定资产成本核算。

陕西省增值税专用发票

6100124120 　　　　　　　　　　　　　　　　　　*No* 00321802

开票日期：2012年12月9日

购货单位	名　　称：	西安红星有限责任公司						密码区	（略）
	纳税人识别号：	6101034 43333222							
	地址、电话：	西安市友谊西路180号，88419999							
	开户行及账号：	中国工商银行黄雁支行，88878685							

货物或应税劳务名称	规格型号	单位	数量	单价	金额	税率	税额
设备甲	甲	台	1	30 000.00	￥30 000.00	17%	￥5 100.00

价税合计（大写）	⊗叁万伍仟壹佰元整 　　　（小写）￥35 100.00

销货单位	名　　称：	西安红旗有限责任公司	备注
	纳税人识别号：	6101126788765123	
	地址、电话：	西安市红旗路41号，76338888	
	开户行及账号：	中国工商银行红旗路支行，78878685	

收款人：石晓明　　　复核：庞明　　　开票人：刘京京　　　销货单位：（章）

第二联：发票联　购买方用作记账凭证

固定资产验收单

2012年 12月 9日

销售单位：西安红旗有限责任公司　　　使用部门：　　　　　　单号：

购货单位：西安红星有限责任公司　　　　　　　　　　　　　　单位：元

固定资产名称	规格及型号	单位	数量	预计使用年限	已使用年限	原值	已提折旧	净值	协商价格
设备甲		台	1	10	0	30 700	0	30 700	

销货单位	购货单位	
公章：	公章：	备注
财务：	财务：	
经办：	经办：	

会计主管：雷鸣　　　稽核：李老　　　制单：家华

中国工商银行
转账支票存根

支票号码　No.67893216

附加信息

出票日期　*2012*年 *12*月 *9*日

收款人：*西安红旗有限责任公司*

金额：*¥35 100.00*

用途：*设备甲*

单位主管：　*王红梅*　会计：*李丽*

陕西省地方税务局机打发票　　　　西安

发票联

流水号：			代码：322010370121
付款单位（个人）：西安红星有限责任公司		2012 年 12 月 9 日	No.03041041
企业所属行业	运输	税务登记号	610103817581604

项目：

　　运输费¥300.00

　　包装费¥400.00

缴款方式：转账

金额（大写）：柒佰元整　　金额（小写）：700.00

收款单位：　*西安运输公司*　　收款人：*李增*　　开票人：　*谢颖*　　（手写无效）

中国工商银行
转账支票存根

支票号码　No.67893217

附加信息

出票日期　*2012*年 *12*月 *9*日

收款人：*西安运输公司*

金额：*¥700.00*

用途：*支付运费、包装费*

单位主管：　*王红梅*　会计：*李丽*

【4-2】 2012年12月9日,西安红星有限责任公司用银行存款购入1台需要安装的设备乙,增值税专用发票上注明的设备买价为200 000元,增值税额34 000元,运输费10 000元,均用转账支票付讫。

陕西省增值税专用发票

6100124120

陕 西

发 票 联

No 00663803

开票日期:2012年12月9日

购货单位	名　　　称:	西安红星有限责任公司				密码区	（略）
	纳税人识别号:	610103443333222					
	地址 、 电话:	西安市友谊西路180号,88419999					
	开户行及账号:	中国工商银行黄雁支行,88878685					

货物或应税劳务名称	规格型号	单位	数量	单价	金额	税率	税额
设备乙	乙	台	1	200 000.00	￥200 000.00	17%	￥34 000.00

价税合计（大写）	⊗贰拾叁万肆仟元整	（小写）￥234 000.00

销货单位	名　　　称:	西安秦立有限责任公司	备注	西安秦立有限责任公司 610111788765123 发票专用章
	纳税人识别号:	610111788765123		
	地址 、 电话:	西安市秦立路51号,95138888		
	开户行及账号:	中国工商银行秦立路支行,36878685		

收款人:王晓华　　　复核:李立　　　开票人:江涛　　　销货单位:（章）

中国工商银行
转账支票存根

支票号码　No.67893218

附加信息

出票日期 *2012年 12月 9日*

收款人:	西安秦立有限公司
金额:	￥234 000.00
用途:	购设备乙
单位主管:	王红梅　会计:李丽

陕西省地方税务局机打发票 　　　西安

发 票 联

流水号：
付款单位（个人）：西安红星有限责任公司　2012 年 12 月 9 日

代码：322010370538
No.03041041

企业所属行业	运输	税务登记号	610103817581604

项目：
　运输费￥10 000.00

缴款方式：转账
金额（大写）：壹万元整　　金额（小写）：￥10 000.00

收款单位：　西安运输公司　　收款人：李靖　　开票人：　谢颜　（手写无效）

中国工商银行

转账支票存根

支票号码　No.67893219

附加信息

出票日期　2012 年 12 月 9 日

收款人：西安运输公司
金额：￥10 000.00
用途：运输费

单位主管：　王红梅　　会计：李丽

【4－3】 2012 年 12 月 10 日，西安红星有限责任公司用转账支配付讫安装费 30 000 元。

陕西省地方税务局机打发票   西安

发　票　联

流水号：
付款单位（个人）：　西安红星有限责任公司　　2012 年 12 月 10 日

代码：234010370658
No.03041041

企业所属行业	运输	税务登记号	6101028175181678

项目：
　　安装费￥30 000.00

缴款方式：转账
金额（大写）：叁万元整　　　金额（小写）：￥30 000.00

收款单位：　西安安装公司　　　收款人：　新研　　开票人：　李锡　　（手写无效）

中国工商银行
转账支票存根
支票号码　No.67893220

附加信息

出票日期　2012 年 12 月 10 日

收款人：　西安安装公司
金额：￥30 000.00
用途：支付安装费

单位主管：　王红梅　　会计：李丽

【4－4】 2012 年 12 月 10 日,设备乙安装完毕交付使用时,固定资产成本 240 000 元。

在建工程决算书

竣工日期　*2012* 年 *12* 月 *10* 日　　　　No　195

工程项目	设备乙	施工方式	安装
预算价	*240 000*	决算价	*240 000*
累计已付数额:　￥240 000.00			
决算应付数额:　￥240 000.00			

总工程师:　邵一清　　　　　　总会计师:　雷鸣　　　　　财务专用章

项目竣工验收单

2012 年 *12* 月 *10* 日

销售单位: 西安泰立有限责任公司　　　　　使用部门:　　　　　　单号:
购货单位: 西安红星有限责任公司　　　　　　　　　　　　　　　单位: 元

固定资产名称	规格及型号	单位	数量	预计使用年限	已使用年限	原值	已提折旧	净值	协商价格
设备乙		台	1	10	0	240 000	0	240 000	

销货单位　　　　　　　　　　　　　　　　购货单位　　　　　　　　　　　备注
公章:　　　　　　　　　　　　　　　　　公章:
财务:　　　　　　　　　　　　　　　　　财务:
经办:　　　　　　　　　　　　　　　　　经办:

会计主管　雷鸣　　　　稽核:　李光　　　　　　制单:　蓝伟

【4-5】 2012年12月25日，西安红星有限责任公司采用年限平均法对固定资产计提折旧。2012年12月份根据"固定资产折旧计算表"，确定车间、厂部管理部门、销售部门应分配的折旧额为：车间 600 000 元，厂管理部门 50 000 元，销售部门 50 000 元。

固定资产折旧表

2012 年 12 月 25 日

单位：元

项目	车间	管理部门	销售部门	合计
累计折旧	600 000	50 000	50 000	700 000
合计	600 000	50 000	50 000	700 000

【4-6】

(1) 2012年12月11日，西安红星有限责任公司出售1座建筑物，原价为 2 000 000 元，已计提折旧 1 000 000 元，未计提减值准备，实际出售价格为 1 200 000 元，已通过银行收回价款。

固定资产出售单

2012 年 12 月 11 日

单位：西安红星有限责任公司

固定资产名称	规格及型号	单位	数量	预计使用年限	已使用年限	原值	已提折旧	净值	变价收入
建筑物	1	座	1	10	5	2 000 000	1 000 000	1 000 000	1 200 000

调出单位		调入单位	
公章：西安红星有限责任公司 财务： 经办：	（公章）	公章：西安红旗有限责任公司 财务： 经办：	备注

会计主管：高林　　　　　审核：　　　　　制单：家华

(2) 收回出售固定资产的价款。

中国工商银行进账单（收账通知） 1

2012 年 12 月 11 日　　　　　　第 1195 号

<table>
<tr><td rowspan="3">付款人</td><td>全　称</td><td>西安红旗有限责任公司</td><td rowspan="3">收款人</td><td>全　称</td><td colspan="9">西安红星有限责任公司</td></tr>
<tr><td>账　户</td><td>78878685</td><td>账　户</td><td colspan="9">88878685</td></tr>
<tr><td>开户银行</td><td>中国工商银行红旗路支行</td><td>开户银行</td><td colspan="9">中国工商银行黄雁支行</td></tr>
<tr><td rowspan="2">人民币
（大写）</td><td colspan="2" rowspan="2">壹佰贰拾万元整</td><td></td><td>千</td><td>百</td><td>十</td><td>万</td><td>千</td><td>百</td><td>十</td><td>元</td><td>角</td><td>分</td></tr>
<tr><td></td><td></td><td>￥</td><td>1</td><td>2</td><td>0</td><td>0</td><td>0</td><td>0</td><td>0</td><td>0</td><td>0</td></tr>
<tr><td>票据种类</td><td>支票</td><td>票据张数</td><td>1</td><td colspan="10" rowspan="3">中国工商银行西安市黄雁支行 2012.12.11 转讫　收款单位开户银行盖章</td></tr>
<tr><td>票据号码</td><td></td><td></td><td></td></tr>
<tr><td colspan="4">复核　　记账</td></tr>
</table>

此联是收款人开户银行给收款人的收账通知

(3) 计算销售该固定资产应交纳的营业税，按规定使用的营业税税率为 5%，应纳税为 60 000 元（1 200 000×5%）。

应交营业税计算表

2012 年 12 月 18 日

项目	营业额	税率	应交营业税
营业税	1 200 000.00	5%	60 000.00
合计	1 200 000.00	5%	60 000.00

会计主管：雷鸣　　　　复核：李光　　　　　制表：蓝伟

(4) 结转出售固定资产实现的利得。

模块五 无形资产

【学习任务】

1. 能够正确审核原始凭证。
2. 能够根据审核无误的原始凭证编制记账凭证。
3. 能够正确登记无形资产明细分类账。
4. 正确登记累计摊销明细分类账。
5. 正确登记营业税金明细分类账。
6. 熟练编制科目汇总表。
7. 能够根据科目汇总表熟练登记相关总分类账。

【知识目标】

1. 理解无形资产的含义、特征及包括的内容。
2. 掌握外购无形资产初始计量的核算方法。
3. 掌握自行研究开发无形资产初始计量的核算方法。
4. 掌握无形资产摊销的基本核算方法。
5. 掌握无形资产处置的基本核算方法。

【技能目标】

1. 掌握外购无形资产初始计量与基本账务处理方法。
2. 掌握无形资产摊销计算方法与基本账务处理方法。
3. 掌握处置无形资产的基本账务处理方法。

【5-1】 2012年12月11日，西安红星有限责任公司购买一项专有技术，用转账支票付讫2 000 000元。

陕西省地方税务局机打发票　　　　西安

发　票　联

流水号：　　　　　　　　　　　　　　　　　　　　　代码：355010370701

付款单位（个人）：西安红星有限责任公司　　2012 年 12 月 11 日　　No.05031066

企业所属行业		税务登记号	610114847584566
项目： 　　专用技术￥2 000 000.00			

缴款方式：转账

金额（大写）：贰佰万元整　　　　　　　金额（小写）：￥2 000 000.00

收款单位：　西安高新技术开　　收款人：蒋昆　　开票人：金梅　　（手写无效）
　　　　　　发公司

中国工商银行

转账支票存根

支票号码　No.67893221

附加信息

出票日期 2012 年 12 月 11 日

收款人：西安高新技术开发公司

金额：￥2 000 000.00

用途：购专有技术

单位主管：王红梅　　会计：李雨

【5-2】 2012年12月11日,西安红星有限责任公司对2008年1月取得专利权10 000 000元,法律规定有效期为10年,采用直线法摊销。

无形资产摊销计算表

2012年12月11日

费用项目	总额	本年摊销额	累计摊销额
专利权	10 000 000.00	1 000 000.00	5 000 000.00
合计	10 000 000.00	1 000 000.00	5 000 000.00

会计主管: 雷鸣　　　　　　　　　制单: 李丽

【5-3】 2012年12月18日,将该项专利权转让,实际取得价款5 500 000元,应交营业税275 000元,款项已存入银行。

中国工商银行进账单(收账通知)

2012年12月18日　　　　第2340号

付款人	全　称	西安兵马有限责任公司	收款人	全　称	西安红星有限责任公司
	账　户	58878685		账　户	88878685
	开户银行	中国工商银行王朝路支行		开户银行	中国工商银行黄雁支行

人民币(大写)	伍佰伍拾万元整	千	百	十	万	千	百	十	元	角	分
			¥5	5	0	0	0	0	0	0	0

票据种类	支票	票据张数	1
票据号码			
	复核　　　记账		

中国工商银行西安市黄雁支行 收款人开户银行盖章 转讫

应交营业税计算表

2012年12月18日

项目	营业额	税率	应交营业税
专利权	5 500 000.00	5%	275 000.00
合计	5 500 000.00	5%	275 000.00

会计主管: 雷鸣　　　复核: 李光　　　　　制表: 李丽

模块六　各项资产的减值

【学习任务】

1. 能够独立正确地计算、审核各项资产减值的原始凭证。
2. 能够根据审核无误的原始凭证编制记账凭证。
3. 能够正确登记各项资产减值损失的明细分类账。
4. 熟练登记坏账准备的明细分类账。
5. 熟练编制科目汇总表。
6. 能够根据科目汇总表熟练登记总分类账。

【知识目标】

1. 掌握应收款项减值损失的确认。
2. 掌握使用备抵法确认应收款项的减值。
3. 掌握坏账准备的核算方法。
4. 掌握存货跌价准备含义及存货跌价准备的计提与转回的核算方法。
5. 掌握固定资产减值金额的确定及固定资产减值的基本核算方法。
（注意：固定资产减值损失一经确认，在以后会计期间不得转回。）
6. 掌握无形资产减值金额的确定及无形资产减值的基本核算方法。
（注意：无形资产减值损失一经确认，在以后会计期间不得转回。）

【技能目标】

1. 掌握坏账准备的账务处理方法。
2. 掌握存货跌价准备计提和转回的账务处理方法。
3. 掌握固定资产减值的确认及账务处理方法。
4. 掌握存货跌价准备的确认及账务处理方法。
5. 掌握无形资产减值的确定及账务处理方法。

实训一 坏账准备

【6-1】 2012 年 12 月 30 日,西安红星有限责任公司应收账款金额为 4 702 000 元,经减值测试,西安红星有限责任公司应计提多少坏账准备。

坏账准备计算表

2012 年 12 月 30 日

应收账款余额	计提比例	计提坏账准备
	0.3%	

制表：李光   财务科长：雷鸣

注：只计提应收账款坏账准备。

【6-2】 2012 年 12 月 30 日,西安红星有限责任公司确认计提坏账准备无法收回,该应收款项均为西安大唐有限责任公司。

实训二 存货跌价准备

【6-3】 2012 年 12 月 30 日,西安红星有限责任公司钢材的账面金额为 1 451 000 元。由于市场价格下跌,预计可变现净值为 1 441,000 元,由此应计提多少存货跌价准备。（原材料按实际成本计价）

存货跌价准备计算表

2012 年 12 月 30 日

存货类会计科目	期末余额	可变限净值	存货跌价准备额
原材料		901 000	
生产成本		540 000	
合　计		1 441 000	

制表：李光   财务科长：雷鸣

实训三　固定资产减值准备

【6-4】 2012 年 12 月 30 日,西安红星有限责任公司的机器设备存在可能发生减值的迹象,经计算,机器设备的可收回金额合计为 7 070 000 元,账面价值为 7 070 700 元,以前年度未对机器设备计提过减值准备。

固定资产减值准备计算表
2012 年 12 月 30 日

固定资产账面价值	可回收金额	固定资产减值额
	7 070 000	

制表：李光　　　　　　　　　　　财务科长：雷鸣

实训四　无形资产减值准备

【6-5】 2013 年 12 月 30 日,市场上某项专有技术生产的产品销售势头较差,已对西安红星有限责任公司产品的销售产生重大不利影响。专有技术的账面价值为 2 000 000 元,摊销年限为 5 年,经减值测试,该专利技术的可收回金额为 1 990 000 元。

无形资产减值准备计算表
2012 年 12 月 30 日

无形资产账面价值	可回收金额	无形资产减值额
	1 990 000.00	

制表：李光　　　　　　　　　　　财务科长：雷鸣

模块七　流动与非流动负债

【学习任务】

1. 能够独立正确地审核原始凭证。
2. 根据审核无误的原始凭证编制记账凭证。
3. 熟练正确登记短期借款、长期借款、应付债券的明细分类账。
4. 熟练正确登记工资分配、工资发放的明细分类账。
5. 熟练正确登记财务费用明细分类账。
6. 熟练编制科目汇总表。
7. 根据科目汇总表熟练登记总分类账。

【知识目标】

1. 理解各项负债的含义及内容。
2. 掌握各项流动负债的含义及核算方法。
3. 掌握长期负债的含义及核算方法。
4. 掌握借款费用的资本化范围、资本化期间及资本化金额的确定。
5. 掌握借款费用的资本化、费用化的基本核算方法。
6. 理解长期债券的含义及基本核算方法。

【技能目标】

1. 掌握短期借款的取得、计息、偿还本金及利息的账务处理方法。
2. 掌握应付职工薪酬的分配及发放的基本账务处理方法。
3. 掌握长期借款的取得、计息、偿还本金及利息的账务处理方法。
4. 掌握长期借款的借款费用资本化及费用化金额的确定及账务处理方法。
5. 掌握应付债券的取得、计息、偿还本金及利息的账务处理方法。

实训一　短　期　借　款

【7-1】　2012年12月1日,西安红星有限责任公司向银行借入一笔生产经营用短期借款,共计120 000元,期限为1个月,年利率为10%。根据与银行签订的借款协议,该项借款的本金到期后一次归还,利息分月预提。

短期借款申请书

2012年12月1日

企业名称	西安红星有限责任公司	法人代表	李刚	企业性质	有限责任
地址	西安市友谊西路180号	财务负责人	雷鸣	联系电话	88419999
经营范围	生产各种游艺机	主管部门			
借款期限	自2012年12月1日起至2012年12月31日止			申请金额	120 000元

主要用途及效益说明:

　　本公司近半年来,产品销售非常好,但由于资金回收较慢,特申请贷款。

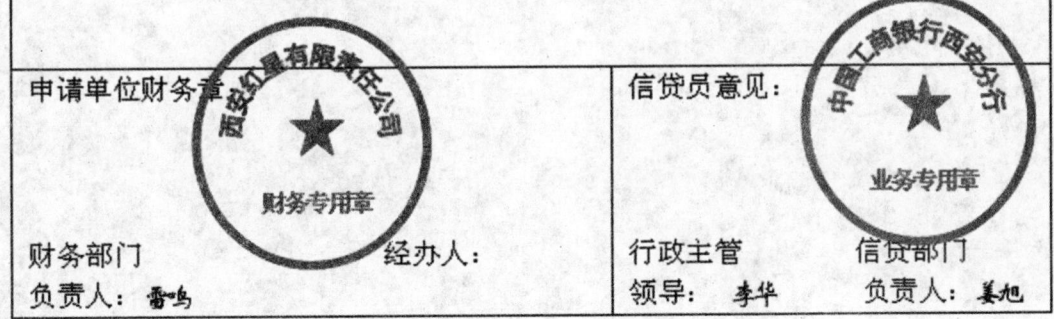

申请单位财务章		信贷员意见:	
财务部门负责人:雷鸣	经办人:	行政主管领导:李华	信贷部门负责人:姜旭

中国工商银行借款借据（收账通知）

委托日期：*2012* 年 *12* 月 *1* 日

贷款单位名称	西安红星有限责任公司	种类	短期借款	贷款户账号			83852674						
金额	人民币（大写）：壹拾贰万元整			百	十	万	千	百	十	元	角	分
				¥	1	2	0	0	0	0	0	0

用途	单位申请期限	自2012年12月1日起至2012年12月31日止	利率	10.00%
	银行核定期限	自2012年12月1日起至2012年12月31日止		

上列贷款已核准发放 _____ 贷款。
并已转收到你单位 _____ 账户账号。

中国工商银行西安市营业支行
2012.12.01
收讫

银行签章　*2012* 年 *12* 月 *1* 日

单位会计分录
收入 _____
付出 _____
复核　　　　记账
主管　　　　会计

【7-2】 2012 年 12 月 31 日，计提 12 月份应计提利息。

短期流动资金款预提利息费用计算表
2012 年 *12* 月 *31* 日

借款种类	借款金额	计算时间	年利率	利息金额
短期借款	120 000.00	1个月	10%	1 000.00
合计	120 000.00		10%	1 000.00

会计主管：雷鸣　记账：李光　　复核：蓝伟　　出纳：王虹　　制单：李光

【7-3】 2012 年 12 月 31 日，偿还银行借款本金及利息。

偿还贷款凭证（第一联）

2012 年 12 月 31 日

借款单位名称	西安红星有限责任公司	贷款账号	83852674		结算账号	83852674								
金额	人民币（大写）壹拾贰万壹仟元整					百	十	万	千	百	十	元	角	分
						￥	1	2	1	0	0	0	0	0
贷款种类	短期借款	借出日期	2012.12.1		原约定还款日期	2012.12.31								

上列款项请由本单位 83852674 账户内偿 会计分录 中国工商银行西安市黄鹂支行
还到期贷款。此致 2012.12.31

借款单位盖章 财务专用章 李刚 印 收 付 复核员 转 记账员

西安红星有限责任公司 财务专用章

实训二　应付职工薪酬

【7-4】 2012 年 12 月 25 日,西安红星有限责任公司应付工资总额 462 000 元,工资费用分配汇总表中列示的基本生产车间生产人员工资为 288 000 元,辅助生产车间人员工资为 32 000,车间管理人员工资为 70 000 元,企业行政管理人员工资为 60 400 元,销售人员工资为 11 600 元。

职工薪酬分配表

2012 年 12 月 25 日

项　目	分配金额
生产成本——基本生产成本	288 000.00
生产成本——辅助生产成本	32 000.00
制造费用	70 000.00
管理费用	60 400.00
销售费用	11 600.00
合　计	462 000.00

会计主管: 雷鸣　　　　　　会计: 蓝伟

【7-5】 2012 年 12 月 25 日,西安红星有限责任公司根据国家工资规定,按 20% 计提基本养老保险金,10% 计提医疗保险金,2% 计提失业保险金,1.5% 计提工伤保险金,12% 计提住房公积金,本月共计提各项费用如下:

社会保险费汇总表

编制单位: 西安红星有限责任公司　　　2012 年 12 月 25 日　　　单位: 元

部　门	保险基数	养老保险金 20%	医疗保险金 10%	失业保险金 2%	工伤保险金 1.5%	住房公积金 12%	合计
基本生产成本	288 000	57 600	28 800	5 760	4 320	34 560	131 040
辅助生产成本	32 000	6 400	3 200	640	480	3 840	14 560
制造费用	70 000	14 000	7 000	1 400	1 050	8 400	31 850
管理费用	60 400	12 080	6 040	1 208	906	7 248	27 482
销售费用	11 600	2 320	1 160	232	174	1 392	5 278
合计	462 000	92 400	46 200	9 240	6 930	55 440	210 210

会计主管: 雷鸣　　　　　　会计: 蓝伟

【7-6】 2012 年 12 月 25 日,西安红星有限责任公司按标准计算并用转账支票付讫各项社会保险费。

企业社会保险缴费征缴通知单

收缴日期: 2012 年 12 月 25 日　　　　单位：元

单位全称	西安红星有限责任公司		保险费所属年月	2012.12
税务登记号	610103443333222			
缴费方式	税务征收	单位电脑编码	2012120009	
项目	缴费人数	缴费基数	缴费比例	应缴金额
缴费	132	462 000	33.5%	154 770
利息				
滞纳金				
其他				
缴费总计（大写）	壹拾伍万肆仟柒佰柒拾元整		缴费总计（小写）	￥154 770
西安市社会保险事业管理局			财务专用章	审核人：雷鸣

中国工商银行
转账支票存根

支票号码　No.67893222

附加信息.

出票日期　2012 年 12 月 25 日

收款人：西安社会保险事业管理局

金额：￥154 770.00

用途：支付社会保险缴费

单位主管：　王红梅　　会计：李丽

【7－7】 2012 年 12 月 25 日，西安红星有限责任公司按标准计算并支付企业住房公积金。

企业住房公积金征缴通知单

收缴日期：*2012 年 12 月 25 日*　　　　　单位：元

单位全称	*西安红星有限责任公司*		保险费所属年月	*2012.12*
税务登记号	*610103443333222*			
缴费方式	税务征收	单位电脑编码	*2012120009*	
项目	缴费人数	缴费基数	缴费比例	应缴金额
缴费	*132*	*462 000*	*12%*	*55 440*
利息				
滞纳金				
其他				
缴费总计（大写）	*伍万伍仟肆佰肆拾元整*		缴费总计（小写）	*￥55 440.00*
西安市住房公积金管理局			审核人：*雷鸣*	

中国工商银行
转账支票存根

支票号码 No.67893223

附加信息

出票日期 2012年 12月 25日

收款人：西安住房公积金管理局

金额：￥55 440.00

用途：支付住房公积金

单位主管： 王红梅　　会计：李丽

【7－8】 西安红星有限责任公司发放 12 月职工工资总额 462 000 元,代扣职工房租 40 000 元,企业代垫职工家属医药费 2 000 元,实发工资 420 000 元。

职工薪酬发放表

编制单位：西安红星有限责任公司　2012年 12月 25日　　　　　单位：元

姓名	人数	基本工资	加班工资	奖金	岗位津贴	应扣工资		应付工资	代扣款项		实发工资	领款人签章
						病假	事假		职工房租	代垫医药费		
王林等	90	288 000	1 800	900	900	1 800	1 800	288 000	22 000	1 500	264 500	
张敏等	10	32 000	200	100	100	200	200	32 000	3 000	500	28 500	
王晓等	10	70 000	100	1 000	500	600	1 000	70 000	10 000		60 000	
钱工等	20	60 400	100	200	300	300	300	60 400	4 000		56 400	
张静 毛宏	2	5 800 5 800						11 600	1 000		10 600	
合计		462 000	2 200	2 200	1 800	2 900	3 300	462 000	40 000	2 000	420 000	

审批：李刚　　　会计主管：雷鸣　　　复核：李丽　　　制单：李光

职工薪酬结算表附表

2012年 12月 25日

项目	工资(元/人)	人 数	总 额
生产成本——基本生产车间	3 200	90	288 000
生产成本——辅助生产车间	3 200	10	32 000
制造费用	7 000	10	70 000
管理费用	3 020	20	60 400
销售费用	5 080	2	11 600
合计		132	462 000

会计主管：雷鸣　　　　　　制单：李光

中国工商银行

转账支票存根

支票号码　No.67893224

附加信息

出票日期 2012年 12月 25日

收款人：西安红星有限责任公司职工

金额：￥420 000.00

用途：支付工资

单位主管：　王红梅　　会计：李雨

实训三 长期借款

【7-9】 2012 年 12 月 1 日,西安红星有限责任公司从银行借入资金 400 000 元,借款期限为 3 年,年利率为 3‰(到期一次还本付息,不计复利)。所借款项已存入银行。西安红星有限责任公司用该借款于当日购买不需安装的设备丙 1 台,价款300 000元,设备已于当日投入使用。

中国工商银行借款借据(收款通知) 1

委托日期: *2012* 年 *12* 月 *1* 日

贷款单位名称	西安红星有限责任公司	种类	长期借款	贷款户账号	83852674								
金额	人民币(大写): 肆拾万元整				百	十	万	千	百	十	元	角	分
					¥	4	0	0	0	0	0	0	0
用途	单位申请期限	自2012年12月1日起至2015年11月30日止		利率	3.00%								
	银行核定期限	自2012年12月1日起至2015年11月30日止											

上列贷款已核准发放 并已转收到你单位   贷款。账户账号。

银行签章   *2012* 年 *12* 月 *1* 日

单位会计分录
收入
付出
复核 主管 转讫 记账 会计

中国工商银行西安市黄雁支行 2012.12.01

中国工商银行进账单(收账通知)

2012 年 *12* 月 *1* 日   第 1194 号

出票人	全称	中国工商银行黄雁支行	收款人	全称	西安红星有限责任公司									
	账户			账户	88878685									
	开户银行	中国工商银行黄雁支行		开户银行	中国工商银行黄雁支行									
人民币(大写)	肆拾万元整				千	百	十	万	千	百	十	元	角	分
						¥	4	0	0	0	0	0	0	0
票据种类	支票	票据张数	1		中国工商银行 收款人开户银行盖章 2012.12.01 转讫									
票据号码														
	复核 记账													

此联是收款人开户银行给收款人的收账通知

陕西省增值税专用发票

6100124120

发　票　联

No 00653805

开票日期：2012 年 12 月 1 日

| 购货单位 | 名　　称：西安红星有限责任公司
纳税人识别号：610103443333222
地址、电话：西安市友谊西路 180 号，88419999
开户行及账号：中国工商银行黄雁支行，88878685 | | | | 密码区 | （略） | | |

货物或应税劳务名称	规格型号	单位	数量	单价	金额	税率	税额
设备丙		台	1	300 000.00	￥300 000.00	17%	￥51 000.00
价税合计（大写）	⊗叁拾伍万壹仟元整			（小写）￥35 1000.00			

| 销货单位 | 名　　称：西安兵马有限责任公司
纳税人识别号：610115788765123
地址、电话：西安市王朝路 51 号，68138888
开户行及账号：中国工商银行王朝路支行，58878685 | | | | 备注 | | | |

收款人：肖红　　复核：张钢　　开票人：秦东明　　销货单位：（章）

固定资产验收单

2012 年 *12* 月 *1* 日

销售单位：西安兵马有限责任公司　　　　　　　使用部门：　　　　　　单号：
购货单位：西安红星有限责任公司　　　　　　　　　　　　　　　　　单位：元

固定资产名称	规格及型号	单位	数量	预计使用年限	已使用年限	原值	已提折旧	净值	协商价格
设备丙		台	1	10	0	300 000	0	300 000	

| 销货单位
公章：
财务：
经办： | | 购货单位
公章：
财务：
经办： | | 备注 |

会计主管：雷鸣　　　稽核：李光　　　　制单：李丽

中国工商银行
转账支票存根
支票号码　No.67893225

附加信息

出票日期　*2012*年 *12*月 *1*日

收款人：*西安兵马有限责任公司*

金额：￥*351 000.00*

用途：*购设备用*

单位主管：　*王红梅*　　会计：*李丽*

【7-10】　2012 年 12 月 31 日，计提长期借款利息。

非流动资金款预提利息费用计算表

*2012*年 *12*月 *31*日

借款种类	借款金额	计算时间	年利率	利息金额
长期借款	400 000.00	1月	3%	1 000.00
合计	400 000.00	1月	3%	1 000.00

会记主管：*雷鸣*　记账：*李光*　复核：*蓝伟*　出纳：*王虹*　制单：*李光*

【7-11】 2009 年 12 月 1 日,从银行借入资金 4 000 000 元,借款期限为 3 年,年利率为 5%(到期一次还本付息,不计复利)。2012 年 12 月 1 日,到期一次还本付息。

偿还贷款凭证（第二联）

2012 年 12 月 1 日

借款单位名称	西安红星 有限责任公司	贷款 账号	83852674			结算 账号			83852674							
金 额	人民币（大写）肆佰陆拾万元整				千	百	十	万	千	百	十	元	角	分
				¥	4	6	0	0	0	0	0	0	0
贷款种类	长期 借款	借出日期	2009.12.1	原约定还款日期			2012.12.1
上列款项请由本单位 还到期贷款。此致 借款单位盖章	83852674	账户内偿 李刚 印	会计分录 收 付 复核员	中国工商银行西安市 黄雁支行 2012.12.1 转 记账员

实训四 应付债券

【7-12】 2012 年 12 月 1 日,西安红星有限责任公司发行 3 年期、到期时一次还本付息、年利率为 10%(年末计息,不计复利)、发行面值总额为 1 200 000 元的债券。该债券按面值发行。

企业发行债券申请书

企业名称　西安红星有限责任公司

地　　址　西安市友谊西路 180 号

电　　话　　　　88419999

债券种类　　　　长期债券

企业申请发行债券理由	购买设备 财务负责人:雷鸣章		申请单位　　(盖章) 法人代表: 李刚 章
企业主管部门意见	(盖章) 2012 年 12 月 1 日	省市计经委 审察意见	(盖章) 年　月　日
开户银行审核意见	经办人:　章	负责人:　章	开户银行　章 业务专用章 2012 年 12 月 1 日
人民银行审批意见	经审察同意你单位(公开)发行企业债券 120 万元,用于企业(流动)资金需要,期限 叁年,年利率 10% ,本债券于 2015 年 12 月 1 日到期还本,按(利随本清)方式付息。本债券发行中不得强行摊派,集资款不得挪作他用。 经办人:　孙军　　　行长: 万山		审批机关　章 2012 年 12 月 1 日

中国工商银行**进账单**（收账通知） 1

2012年 12月 1日　　　　第 1195号

<table>
<tr><td rowspan="3">出票人</td><td>全　称</td><td>中国工商银行
黄雁支行</td><td rowspan="3">收款人</td><td>全　称</td><td colspan="10">西安红星有限责任公司</td></tr>
<tr><td>账　户</td><td></td><td>账　户</td><td colspan="10">88878685</td></tr>
<tr><td>开户银行</td><td>中国工商银行
黄雁支行</td><td>开户银行</td><td colspan="10">中国工商银行黄雁支行</td></tr>
<tr><td colspan="3" rowspan="2">人民币
（大写）</td><td rowspan="2"></td><td rowspan="2">壹佰贰拾万元整</td><td>千</td><td>百</td><td>十</td><td>万</td><td>千</td><td>百</td><td>十</td><td>元</td><td>角</td><td>分</td></tr>
<tr><td>¥</td><td>1</td><td>2</td><td>0</td><td>0</td><td>0</td><td>0</td><td>0</td><td>0</td><td>0</td></tr>
<tr><td>票据种类</td><td>支票</td><td>票据张数</td><td>1</td><td colspan="12" rowspan="2">收款人开户银行盖章
中国工商银行西安市
黄雁支行
2012.12.01
转讫</td></tr>
<tr><td>票据号码</td><td></td><td colspan="2"></td></tr>
<tr><td colspan="4">复核　　　记账</td></tr>
</table>

此联是收款人开户银行给收款人的收账通知

【7-13】　西安红星有限责任公司发行债券所筹资金于当日用于建造固定资产，至 2012 年 12 月 31 日时工程尚未完工，计提本年长期债券利息。企业按照《企业会计准则第 17 号——借款费用》的规定计算，该期债券产生的实际利息费用应全部资本化，作为在建工程成本。

利息及债券溢价摊销表
2012 年 12 月 31 日

长期负债项目	利息率(年)	应摊销溢价额	未摊销溢价额
长期借款			
企业债券	10%	10 000.00	350 000.00
合计	10%	10 000.00	350 000.00

制表：李丽　　　　　　　　　　财务科长：雷鸣

【7-14】 2012 年 12 月 31 日,偿还 2009 年 12 月 31 日发行债券 600 000 元,债券期限为 3 年,年利率为 5%(分期付息,不计复利),到期偿还债券本金。

利息及债券溢价摊销表

2012 年 12 月 31 日

长期负债项目	利息率	应摊销溢价额	未摊销溢价额
长期借款			
企业债券	5%	30 000.00	0
合计	5%	30 000.00	0

制表:李光　　　　　　　　　　财务科长:雷鸣

中国工商银行
转账支票存根

支票号码　No.67893226

附加信息

出票日期　2012 年 12 月 31 日

收款人: 中国工商银行黄雁支行

金额: ￥630 000.00

用途: 偿还债券本金、1年利息

单位主管:　王红梅　　会计:李丽

模块八　利润表要素的核算

【学习任务】

1. 能够正确独立地审核原始凭证。
2. 能够根据审核无误的原始凭证编制记账凭证。
3. 能够熟练登记各项收入、费用类明细分类账。
4. 能够熟练编制科目汇总表。
5. 根据科目汇总表登记相关总分类账。

【知识目标】

1. 掌握收入的概念与分类。
2. 掌握不同类型收入的确认和计量。
3. 掌握费用的概念与分类。
4. 掌握期间费用、主营业务成本、营业税金、其他业务成本的基本核算方法。
5. 掌握利润的构成内容。
6. 掌握营业外收入和营业外支出的基本核算方法。
7. 掌握应交所得税的计算方法及基本核算方法。
8. 掌握结转本年利润的基本核算方法。

【技能目标】

1. 掌握销售商品收入的账务处理方法。
2. 掌握销售材料、让渡资产使用权情况的账务处理方法。
3. 掌握期间费用的账务处理方法。
4. 掌握主营业务成本、营业税金、其他业务成本的账务处理方法。
5. 掌握营业外收入和营业外支出的账务处理方法。
6. 掌握结转本年利润的账务处理方法。
7. 掌握应交所得税的计算方法及账务处理方法。
8. 掌握所得税永久性差异调整的计算方法及账务处理方法。
9. 了解所得税暂时性差异调整的计算方法及账务处理方法。
10. 了解收取手续费情况下的委托代销方式的基本账务处理方法。

实训一 收 入

【8-1】 2012 年 12 月 20 日,西安红星有限责任公司采用托收承付结算方式销售 40 台游艺机甲给西安大唐公司,每台 15 000 元。开出的增值税专用发票上注明售价为 600 000 元,增值税额为 102 000 元;商品已经发出,并已向银行办妥托收手续;该批商品的成本为 400 000元。

陕西省增值税专用发票

6100124120

№ 00753100

开票日期:2012 年 12 月 20 日

购货单位	名 称:西安大唐有限责任公司 纳税人识别号:610113788765123 地址、电话:西安市大唐路 14 号,55337688 开户行及账号:中国工商银行大唐路支行,58878633	密码区	（略）

货物或应税劳务名称	规格型号	单位	数量	单价	金额	税率	税额
游艺机甲		台	40	15 000.00	¥600 000.00	17%	¥102 000.00

价税合计（大写）	⊗柒拾万贰仟元整　　　（小写）¥702 000.00

销货单位	名 称:西安红星有限责任公司 纳税人识别号:610103443333222 地址、电话:西安市友谊西路 180 号,88419999 开户行及账号:中国工商银行黄雁支行,88878685	备注	

收款人: 王虹　复核: 雷鸣　开票人: 李光　　　销货单位:（章）

第一联:记账联 销售方用作记账凭证

产品出库单

凭证编号：21000

用途：销售　　　　　　2012年12月20日　　　　　产成品库：一号库

类别	编号	名称及规格	计量单位	数量	单位成本	总成本	附注：
		游艺机甲	台	40	10 000.00	400 000.00	

记账：李光　　　保管：张通　　　检验：李一凡　　　制单：李光

【8-2】　2012年12月20日,西安红星有限责任公司销售游艺机丙50台给西安南湖有限责任公司,每台售价60 000元,开出的增值税专用发票上注明售价为3 000 000元,增值税额为510 000元;西安红星有限责任公司收到货款3 510 000元,并将提货单送交西安南湖有限责任公司,该批商品成本为2 000 000元。

中国工商银行黄雁支行进账单（收账通知）　1

2012年12月20日　　　　　第2001号

付款人	全称	西安南湖有限责任公司	收款人	全称	西安红星有限责任公司
	账户	67878633		账户	88878685
	开户银行	中国工商银行大唐路支行		开户银行	中国工商银行黄雁支行

人民币（大写）	叁佰伍拾壹万元整	千	百	十	万	千	百	十	元	角	分
		¥	3	5	1	0	0	0	0	0	0

票据种类	支票	票据张数	1
票据号码			

复核　　　记账

中国工商银行西安市
黄雁支行
收款人开户银行盖章
2012.12.20
转讫

此联是收款人开户银行给收款人的收账通知

6100124120　　　　　　　　　　　　　　　　　　　　No 00753101

开票日期：2012 年 12 月 20 日

购货单位	名　　称：	西安南湖有限责任公司					密码区	（略）		第一联：记账联　销售方用作记账凭证
	纳税人识别号：	610113788765876								
	地址 、电话：	西安市南湖路 19 号，87537688								
	开户行及账号：	中国工商银行大唐路支行，67878633								

货物或应税劳务名称	规格型号	单位	数量	单价	金额	税率	税额
游艺机丙		台	50	60 000.00	￥3 000 000.00	17%	￥510 000.00

价税合计（大写）	⊗叁佰伍拾壹万元整　　　（小写）￥3 510 000.00

销货单位	名　　称：	西安红星有限责任公司	备注	西安红星有限责任公司 6101034433333222 发票专用章
	纳税人识别号：	6101034433333222		
	地址 、电话：	西安市友谊西路 180 号，88419999		
	开户行及账号：	中国工商银行黄雁支行，88878685		

收款人：王虹　　　　复核：雷鸟　　　　开票人：李丽　　　　　　销货单位：（章）

产品出库单

凭证编号：21001

用途：销售　　　　2012 年 12 月 20 日　　　　产成品库：一号库

类别	编号	名称及规格	计量单位	数量	单位成本	总成本	附注：
		游艺机丙	台	50	40 000	2 000 000	

记账：李光　　　保管：张通　　　　检验：李一凡　　制单：李光

【8-3】 2012 年 12 月 21 日，西安红星有限责任公司收到西安开元有限责任公司销售退回游艺机乙 1 台，单价 20 000 元，成本 15 000 元。

开具红字增值税专用发票通知单（第二联）

填开日期：*2012 年 12 月 21 日*　　　　　No. 6106950902000307

销售方	名称	*西安红星有限责任公司*	购买方	*西安开元有限责任公司*		
	税务登记代码			税务登记代码		
开具红字专用发票内容	货物名称	数量	单价	金额	税率	税额
	游艺机乙	*1*	*20 000*	*20 000*	*17%*	*3 400*
	说明	一、购买方申请 二、销售方申请				

经办人：*景新*　　　负责人：*邓芳*　　主管税务机关名称（印章）：*陕西省国税局*

陕西省增值税专用发票

6100124120　　　　　　　　　　　　　　　　　　*No 007537102*

开票日期：2012 年 12 月 21 日

购货单位	名　　称	西安开元有限责任公司					密码区	（略）	
	纳税人识别号	610103788765876							
	地址、电话	西安市东大街 66 号，88537688							
	开户行及账号	中国建设银行东大街支行，98878633							
货物或应税劳务名称	规格型号	单位	数量	单价	金额	税率	税额		
游艺机乙		台	1	-20 000.00	¥-20 000.00	17%	¥-3 400.00		
价税合计（大写）	⊗贰万叁仟肆佰元整			（小写）¥-23 400.00					
销货单位	名　　称	西安红星有限责任公司					备注		
	纳税人识别号	610103443333222							
	地址、电话	西安市友谊西路 180 号，88419999							
	开户行及账号	中国工商银行黄雁支行，88878685							

收款人：*王虹*　　　复核：*雷鸣*　　　开票人：*李丽*　　　销货单位：（章）

第一联：记账联　销售方用作记账凭证

产品入库单

凭证编号：21002

用途：**销售**　　　2012年12月21日　　　产成品库：**一号库**

类别	编号	名称及规格	计量单位	数量	单位成本	总成本	附注：
		游艺机乙	台	1	15 000	15 000	

记账：**李光**　　保管：**张通**　　　检验：　**李一凡**　　　制单：**李光**

【8-4】2012年12月21日，西安红星有限公司给出销售折扣条件(10台以上给10％销售折扣)，西安开元有限责任公司购买游艺机乙100台，价格20 000元/台，成本15 000元/台。

陕西省增值税专用发票

3104369103

记　账　联

No 00753103

开票日期：2012年12月21日

购货单位	名　　称：西安开元有限责任公司 纳税人识别号：610103788765876 地址、电话：西安市东大街66号，88537688 开户行及账号：中国建设银行东大街支行，98878633	密码区	（略）

货物或应税劳务名称	规格型号	单位	数量	单价	金额	税率	税额
游艺机乙		台	100	18 000.00	￥1 800 000.00	17%	￥306 000.00

价税合计（大写）　⊗贰佰壹拾万陆仟元整　　（小写）￥2 106 000.00

销货单位	名　　称：西安红星有限责任公司 纳税人识别号：610103443333222 地址、电话：西安市友谊西路180号，88419999 开户行及账号：中国工商银行黄雁支行，88878685	备注	（西安红星有限责任公司 610103443333222 发票专用章）

收款人：**王虹**　　复核：**李光**　　开票人：**蓝伟**　　销货单位：（章）

产品出库单

凭证编号：21003

用途：**销售**　　　2012年12月21日　　　产成品库：**一号库**

类别	编号	名称及规格	计量单位	数量	单位成本	总成本	附注：
		游艺机乙	台	100	15 000	1 500 000	

记账：**李光**　　保管：**张通**　　　检验：**李一凡**　　制单：**李光**

中国工商银行进账单（收账通知）1

2012年12月21日　　　第 2002 号

付款人	全称	西安开元有限责任公司	收款人	全称	西安红星有限责任公司
	账户	98878633		账户	88878685
	开户银行	中国建设银行东大街支行		开户银行	中国工商银行黄雁支行

人民币（大写）	贰佰壹拾万陆仟元整	千	百	十	万	千	百	十	元	角	分
			¥2	1	0	6	0	0	0	0	0

票据种类	支票	票据张数	1	
票据号码				收款人开户银行盖章

复核　　　记账

此联是收款人开户银行给收款人的收账通知

中国工商银行西安市黄雁支行　2012.12.21　转讫

【8-5】 2012年12月21日，西安红星有限责任公司给出现金折扣条件(2/10,1/20,n/30)，增值税不考虑现金折扣，西安民生有限责任公司购买游艺机丁50台。

陕西省增值税专用发票

6100124120　　　　　　　　　　　No 00753104

记账联

陕西 国家税务总局监制

开票日期：2012年12月21日

购货单位	名　称：西安民生有限责任公司 纳税人识别号：610102788765887 地址、电话：西安市解放路66号，78537881 开户行及账号：中国建设银行解放路支行，89878687	密码区	（略）

货物或应税劳务名称	规格型号	单位	数量	单价	金额	税率	税额
游艺机丁		台	50	40 000.00	¥2 000 000.00	17%	¥340 000.00
价税合计（大写）	⊗贰佰叁拾肆万元整			（小写）¥2 340 000.00			

销货单位	名　称：西安红星有限责任公司 纳税人识别号：610103443333222 地址、电话：西安市友谊西路180号，88419999 开户行及账号：中国工商银行黄雁支行，88878685	备注	西安红星有限责任公司 610103443333222 发票专用章

收款人：　　　复核：李光　　　开票人：蓝伟　　　销货单位：（章）

第一联：记账联　销售方用作记账凭证

产品出库单

凭证编号：21004

用途：**销售**　　　　　　　2012年12月21日　　　　　　产成品库：**一号库**

类别	编号	名称及规格	计量单位	数量	单位成本	总成本	附注：
		游艺机丁	台	50	25 000	1 250 000	

记账：**李光**　　保管：**张通**　　　　检验：**李一凡**　制单：**李光**

【8-6】 2012 年 12 月 24 日，西安红星有限责任公司收到西安民生有限责任公司购买游艺机丁 50 台的款项。

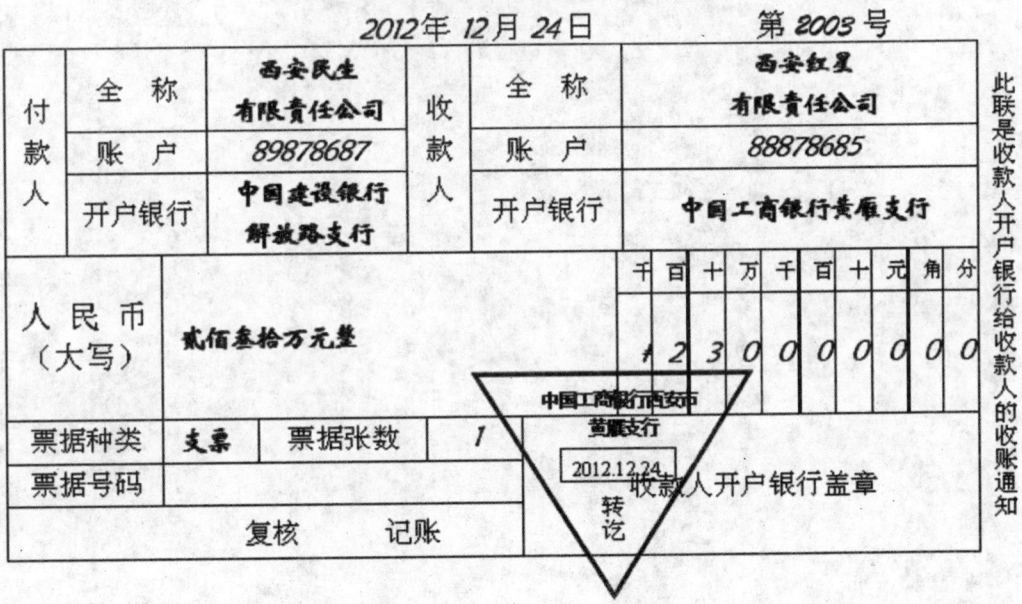

【8-7】 2012 年 12 月 24 日,西安红星有限责任公司销售游艺机丙 50 台给百盛公司,价格 60 000 元/台,开出的增值税专用发票上注明售价为 3 000 000 元,增值税额为 510 000 元;西安红星公司货款 3 510 000 元,并将提货单送交西安百盛有限责任公司,该批商品成本为 2 000 000 元。

陕西省增值税专用发票

6100124120

No 00753105

开票日期:2012 年 12 月 24 日

购货单位	名 称:西安百盛有限责任公司 纳税人识别号:610103788765887 地址、电话:西安市长安路 36 号,68537881 开户行及账号:中国建设银行长安路支行,66678687	密码区	(略)

货物或应税劳务名称	规格型号	单位	数量	单价	金额	税率	税额
游艺机丙		台	50	60 000.00	¥3 000 000.00	17%	¥510 000.00

价税合计(大写)	⊗叁佰伍拾壹万元整 (小写)¥3 510 000.00

销货单位	名 称:西安红星有限责任公司 纳税人识别号:610103443333222 地址、电话:西安市友谊西路 180 号,88419999 开户行及账号:中国工商银行黄雁支行,88878685	备注	西安红星有限责任公司 610103443333222 发票专用章

收款人: 复核:李光 开票人:蓝伟 销货单位:(章)

第一联:记账联 销售方用作记账凭证

产品出库单

凭证编号:21005

用途:销售 2012 年 12 月 24 日 产成品库:一号库

类别	编号	名称及规格	计量单位	数量	单位成本	总成本	附注:
		游艺机丙	台	50	40 000	2 000 000	

记账:李光 保管:张通 检验:李一凡 制单:李光

【8－8】 2012 年 12 月 24 日,西安红星有限责任公司销售游艺机丙 50 台给西安南湖有限责任公司,每台售价60 000元,开出的增值税专用发票上注明售价为3 000 000元,增值税额为510 000 元,西安红星责任公司货税款合计3 510 000元,并将提货单送交西安南湖有限责任公司,该批商品成本为2 000 000元。

陕西省增值税专用发票

6100124120　　　　　　　　　　　　　　　　　　　　　*No* 00753106

开票日期：2012 年 12 月 24 日

购货单位	名　称：西安南湖有限责任公司 纳税人识别号：610113788765876 地址、电话：西安市南湖路 19 号，87537688 开户行及账号：中国工商银行大唐路支行，67878633	密码区	（略）

货物或应税劳务名称	规格型号	单位	数量	单价	金额	税率	税额
游艺机丙		台	50	60 000.00	￥3 000 000.00	17%	￥510 000.00

价税合计（大写）	⊗叁佰伍拾壹万元整　　　（小写）￥3 510 000.00

销货单位	名　称：西安红星有限责任公司 纳税人识别号：610103443333222 地址、电话：西安市友谊西路 180 号，88419999 开户行及账号：中国工商银行黄雁支行，88878685	备注	西安红星有限责任公司 610103443333222 发票专用章

收款人：王虹　　　复核：雷鸣　　　开票人：李丽　　　销货单位：（章）

第一联：记账联　销售方用作记账凭证

银行承兑汇票　3　　　汇票号码：8770

出票日期（大写）贰零壹贰年壹拾贰月贰拾肆日

出票人全称	西安南湖有限责任公司	收款人	全称	西安红星有限责任公司								
出票人账号	67878633		账号	88878685								
付款行全称	中国工商银行大唐路支行		开户银行	中国工商银行黄雁支行								
出票金额	人民币（大写）叁佰伍拾壹万元整　财务专用章			千	百	十	万	千	百	十	元	角	分
				￥	3	5	1	0	0	0	0	0	0
汇票到期日（大写）	贰零壹叁年零叁月贰拾肆日	付款人开户行	账号									
			地址									
交易合同号码：												
备注：	出票人签章											

此联由出票人存查

产品出库单

凭证编号：21006

用途：**销售**　　　　2012年12月24日　　　　产成品库：**一号库**

类别	编号	名称及规格	计量单位	数量	单位成本	总成本	附注：
		游艺机两	台	50	40 000	2 000 000	

记账：**李光**　　保管：**张通**　　　　检验：**李一凡**　　制单：**李光**

【8-9】　2012年12月24日，西安红星公司销售2吨钢材B，开具的增值税专用发票上注明的售价为10 000元，增值税额为1 700元，款项已由银行收妥。该批原材料的实际成本为6 000元。

中国工商银行进账单（收账通知）　1

2012年12月24日　　　　第 2004 号

付款人	全　称	西安红旗 有限责任公司	收款人	全　称	西安红星 有限责任公司
	账　户	78878685		账　户	88878685
	开户银行	中国工商银行 红旗路支行		开户银行	中国工商银行黄雁支行

人民币 （大写）	壹万壹仟柒佰元整	千	百	十	万	千	百	十	元	角	分
				￥	1	1	7	0	0	0	0

票据种类	支票	票据张数	1	
票据号码				中国工商银行西安市 营业章 收款人开户银行盖章 2012.12.24 转讫
	复核　　　记账			

此联是收款人开户银行给收款人的收账通知

陕西省增值税专用发票

No 00753107

开票日期：2012 年 12 月 24 日

购货单位	名　　称：西安红旗有限公司 纳税人识别号：6101126788765123 地址、电话：西安市红旗路 41 号，76338888 开户行及账号：中国工商银行红旗路支行，78878685	密码区	（略）

货物或应税劳务名称	规格型号	单位	数量	单价	金额	税率	税额
钢材——B		吨	2	5 000.00	￥10 000.00	17%	￥1 700.00

价税合计（大写）	⊗壹万壹仟柒佰元整　　　（小写）￥ 11 700.00

销货单位	名　　称：西安红星有限责任公司 纳税人识别号：610103443333222 地址、电话：西安市友谊西路 180 号，88419999 开户行及账号：中国工商银行黄雁支行，88878685	备注	西安红星有限责任公司 610103443333222 发票专用章

收款人：王虹　　　复核：李光　　　开票人：蓝伟　　　销货单位：（章）

发　料　单

供货单位：　　　　　　　2012 年 12 月 24 日　　　　第　　号

材料类别	名称及规格	计量单位	数量		实际成本		计划成本	
			应发	实发	单价	金额	单价	金额
	钢材——B	吨	2	2	3 000	6 000		
合计								

质量检查：李一凡　　　采购：张伟　　　库管：吴君　　　制单：李光

【8-10】 2012 年 12 月 24 日,西安红星有限责任公司委托西安万千有限责任公司销售游艺机甲 10 件,商品已经发出,每台成本为 10 000 元。假定:西安红星公司发出商品时纳税义务尚未发生,西安红星有限责任公司采用实际成本核算。

产品出库单

凭证编号:21007

用途:**销售**　　　2012 年 12 月 24 日　　　产成品库:**一号库**

类别	编号	名称及规格	计量单位	数量	单位成本	总成本	附注:
		游艺机甲	台	10	10 000	100 000	

记账:**李光**　　保管:**张通**　　　　检验:**李一凡**　　制单:**李光**

【8-11】 2012 年 12 月 26 日,合同约定西安万千有限责任公司应按 15 000 元/台对外销售,西安万千公司对外全部销售 10 台,西安红星有限责任公司收到西安万千公司开具的代销清单,向西安万千有限责任公司开具一张相同金额的增值税专用发票。

陕西省增值税专用发票

6100124120

记 账 联

№ 00753108

开票日期:2012 年 12 月 26 日

购货单位	名　　称:西安万千有限责任公司 纳税人识别号:610103467549378 地址、电话:西安市建设路 15 号,68495431 开户行及账号:中国工商银行李家村支行,86995831	密码区	(略)

货物或应税劳务名称	规格型号	单位	数量	单价	金额	税率	税额
游艺机甲		台	10	15 000.00	￥150 000.00	17%	￥25 500.00

价税合计(大写)　⊗壹拾柒万伍仟伍佰元整　　(小写)￥175 500.00

销货单位	名　　称:西安红星有限责任公司 纳税人识别号:610103443333222 地址、电话:西安市友谊西路 180 号,88419999 开户行及账号:中国工商银行黄雁支行,88878685	备注	

收款人:王虹　　复核:李光　　开票人:蓝伟　　销货单位:(章)

销 售 单

购货单位：　　　　　　　　　　　　　　　　　　　地址 、 电话：

纳税识别号：　　　　　　2012年12月26日　　开户行及账号

名称及规格	计量单位	数量	单价	金额	备注：
游艺机甲	台	10	15 000	150 000	

记账： 肖静　　　　保管： 李霞　　　　检验： 王晓东　　　　制单： 姚春燕

委托代销清单

2012年12月26日

名称及规格	数量	单价	金额	税率	税额	委托单位
游艺机甲	10	15 000	150 000	17%	25 500	西安红星有限责任公司
合计	10	15 000	150 000	17%	25 500	

记账： 肖静　　　　保管： 李霞　　　　检验： 王晓东　　　　制单： 姚春燕

【8-12】 2012年12月26日,西安红星有限责任公司结转销售成本。

委托代销成本计算表

编制单位：西安红星有限责任公司　　2012年12月26日　　　　单位：元

项目	发出产品	数量	单位成本	总成本
	游艺机甲	10	10 000	100 000

记账： 李元　　　　　　检验： 李一凡　　　　　　制单： 李光

【8-13】 2012 年 12 月 26 日,西安红星有限责任公司按售价的 10％向西安万千有限责任公司结算手续费。

【8-14】 2012 年 12 月 27 日,西安红星有限责任公司托收西安万千有限责任公司货款。

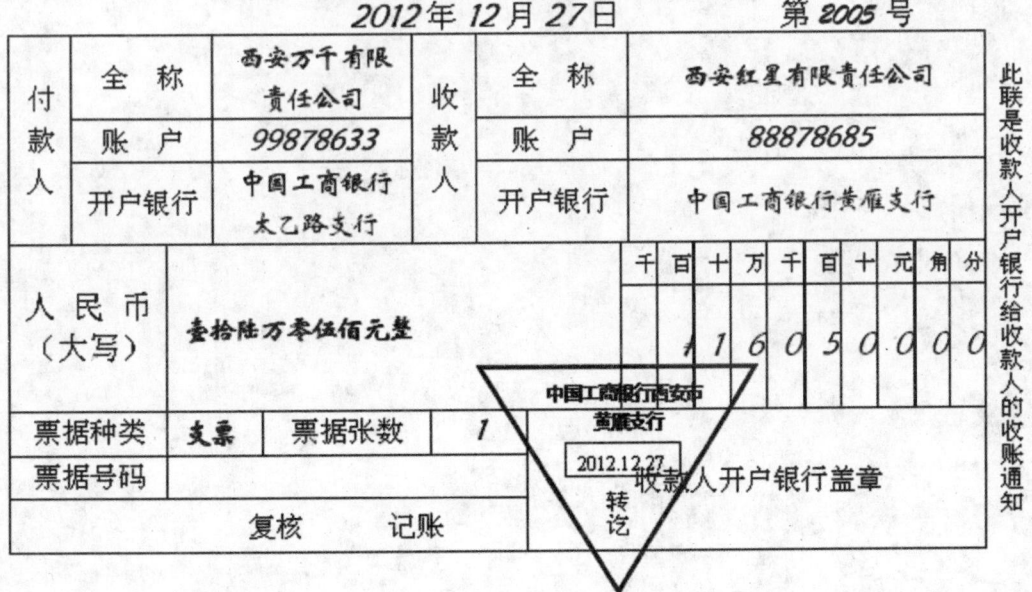

实训二 营业税金及附加

【8－15】 2012 年 12 月，西安红星有限责任公司当月实际应交增值税为 2 111 400 元。

应交增值税计算表

借方金额	贷方金额	计税金额	税率	应纳税额
			17%	

中华人民共和国

税收通用缴款书

2012 京国徽 No0023501

隶属关系：无

注册类型：西安红星有限责任公司　　2012 年 12 月 26 日　　征收机关：西安市国家税务局

缴款单位	代码		电话	88 419999	预算科目	编码	
	全称	西安红星有限责任公司				名称	增值税
	开户银行	中国工商银行黄雁支行				级次	
	账号	88878685				收款国库	

税款所属时期 2012 年 12 月 1 日 至 12 月 30 日　　税款限交日期 2012 年 12 月 26 日

品目名称	课税数量	计税金额或销售收入	税率或单位税额	已交或扣除额	千	百	十	万	千	百	十	元	角	分
增值税		12 420 000	17%	0	￥	2	1	1	1	4	0	0	0	0

金额（大写）贰佰壹拾壹万壹仟肆佰元零角零分　　　￥2 1 1 1 4 0 0 0 0

缴款单位（章）
签章
经办人（章）
财务专用章

税务机关（盖章）
填票人（章）
业务专用章

上列款项已收妥并划转收款单位账户

国库(银行)盖章　　年　月　日

第一联 交款单位完税凭证

【8-16】 2012 年 12 月 26 日,应交增值税为 2 111 400 元,计提应交营业税为 335 000 元,城市维护建设税税率 7‰,教育费附加 3‰。

应交城市维护建设税和教育费附加计算表

2012 年 12 月 26 日

计税依据	税　种	计税金额	税率	应纳税额
增值税＋营业税	城市维护建设税		7％	
增值税＋营业税	教育费附加		3％	
合计				

实训三 期间费用、营业外收支

【8-17】 2012 年 12 月 27 日,西安红星有限责任公司为宣传新产品发生广告费 8 000 元,用转账支票付讫。

陕西省地方税务局发票 　　　　西安

发　票　联

流水号:				代码: 255010370600
付款单位（个人）: 西安红星有限责任公司	2012 年 12 月 27 日			No. 05033017
企业所属行业		税务登记号		610114617581604
项目: 　　广告费 ￥8 000.00				
缴款方式: 转账支票				
金额（大写）: 捌仟元整		金额（小写）: ￥8 000.00		

收款单位: 西安唐乐广告 有限责任公司　　收款人: 刘京　　开票人: 吴华　　（手写无效）

中国工商银行

转账支票存根

支票号码　No.67893227

附加信息

出票日期　2012年 12月 27日

收款人: 西安唐乐广告有限责任公司

金额: ￥8 000.00

用途: 支付广告费

单位主管: 王红梅　　会计: 李丽

【8-18】 2012 年 12 月 27 日,西安红星有限责任公司用转账支票付讫产品保险费 5 000 元。

保险业专用发票

西安

代码:344010370611

开票日期: 2012 年 12 月 27 日

付款人: 西安红星有限责任公司

承保险种 产品

保险单号

保险费金额(大写): 伍仟元整 ￥5 000.00

附注

经手人: 杨积极   复核: 张元芳   保险公司签章:

地 址: 电话: (手写无效)

中国工商银行

转账支票存根

支票号码 No.67893228

附加信息

出票日期 2012 年 12 月 27 日

收款人: 中国太平洋保险股份公司

金额: ￥5 000.00

用途: 保险费

单位主管: 王红梅   会计: 李丽

【8-19】 2012 年 12 月 27 日，西安红星有限责任公司为拓展产品销售市场，发生业务招待费50 000元，用转账支票付讫。

陕西省网络在线通用发票

发 票 联

开票日期：2012-12-27   发票代码：511010370621

付款单位（个人）：西安红星有限责任公司   2012 年 12 月 27 日   发票号码：05031055

| 企业所属行业 | 服务业 | 机打票号 | 610114817581604 | 密码区 |
| 查询码： | | 防伪码： | | |

项目：
招待费

大写合计：伍万元整   小写：￥50 000.00

收款单位税号：   开票人：高明

收款单位：（盖章有效）   西安锦江餐饮有限责任公司

中国工商银行

转账支票存根

支票号码 No.67893229

附加信息

出票日期 2012年 12月 27日

收款人：西安锦江餐饮有限责任公司

金额：￥50 000.00

用途：业务招待费

单位主管： 王红梅   会计：李丽

【8-20】 2012年12月27日，收到车间刘晨违反操作制度罚款500元。

收款收据

2012年12月27日

今收到：	刘晨		
交 来：	罚款		
人民币（大写）	伍佰元整		￥500.00
收款单位			
公 章		收款人 王虹	交款人 刘晨

会计：李丽　　　出纳：王虹　　　制单：李光

罚款通知

财务科：

车间刘晨违反操作制度，对其罚款500元。

厂长办公室

2012年12月27日

【8-21】 2012 年 12 月 27 日,西安红星有限责任公司银行存款支付违反环保规定罚款 20 000 元。

罚 款 通 知

西安红星有限责任公司:

　　该公司违反环保规定,特处罚金 20 000 元。

西安环保监管所

2012 年 12 月 27 日

中国工商银行

转账支票存根

支票号码　No.67893230

附加信息

出票日期　2012 年 12 月 27 日

收款人:西安环保监管所

金额:￥20 000.00

用途:支付罚金

单位主管:　王红梅　　会计:李丽

【8-22】 2012年12月28日,西安红星有限责任公司用转账支票支付办公费3 000元。

陕西省商业零售税务统一发票

发 票 联

流水号:

| 付款单位(个人): 西安红星有限责任公司 | | *2012年 12月 28日* | 代码: 344010370631 |
| | | | No.04031004 |

企业所属行业	西安军区军人服务社	税务登记号	610114877581604

项目:

文件夹 2000.00元

笔记本 1000.00元

缴款方式: 转账支票

金额(大写): 叁仟元整   金额(小写): ¥3000.00

收款单位: 唐笑笑   收款人: 刘毛   开票人: 李晓林   (手写无效)

中国工商银行

转账支票存根

支票号码 No.67893231

附加信息

出票日期 *2012年 12月 28日*

收款人: 西安军区军人服务社

金额: ¥3 000.00

用途: 购买办公用品

单位主管: 王红梅   会计: 李丽

实训四　利　　润

【8-23】　2012 年 12 月 31 日,西安红星有限责任公司结转损益类科目如下(所得税税率为 25%):

科　目　名　称	借或贷	结账前余额
主营业务收入	贷	13 530 000.00
其他业务收入	贷	10 000.00
公允价值变动损益	贷	0.00
投资收益	贷	230 000.00
营业外收入	贷	365 500.00
主营业务成本	借	9 235 000.00
其他业务成本	借	6 000.00
营业税金及附加	借	244 640.00
销售费用	借	94 878.00
管理费用	借	1 204 482.00
财务费用	借	72 029.25
资产减值损失	借	25 806.00
营业外支出	借	20 000.00

注意:金额来源不考虑原材料按计划成本核算(原材料按实际成本核算)。

模块九　实收资本、资本公积、留存收益

【学习任务】

1. 能够正确独立地审核原始凭证。
2. 根据审核无误的原始凭证编制记账凭证。
3. 能够正确登记盈余公积明细分类账。
4. 能够正确登记利润分配明细分类账。
5. 能够正确登记利润分配转回明细分类账。
6. 熟练编制科目汇总表。
7. 根据科目汇总表熟练登记总分类账。

【知识目标】

1. 掌握所有者权益的含义、分类及其作用。
2. 掌握不同组织形式的企业实收资本的核算特点及基本核算方法。
3. 掌握资本公积的核算特点及基本核算方法。
4. 掌握盈余公积提取和使用的基本核算方法。
5. 掌握利润分配和使用的基本核算方法。
6. 掌握利润分配转回的基本核算方法。
7. 掌握用利润弥补亏损的核算特点及基本核算方法。

【技能目标】

1. 熟练掌握接受现金投资的账务处理方法。
2. 熟练掌握接受固定资产投资的账务处理方法。
3. 熟练掌握接受原材料投资的账务处理方法。
4. 熟练掌握接受现金投资形成资本公积的账务处理方法。
5. 熟练掌握提取盈余公积的账务处理方法。
6. 熟练掌握利润分配的账务处理方法。

实训一 实收资本、资本公积

【9-1】 2012 年 12 月 19 日,西安红星有限责任公司收到西安红旗有限责任公司作为资本投入的不需要安装的机器设备甲 1 台,合同约定该机器设备的价值为 200 000 元,增值税进项税额为 34 000 元。合同约定的固定资产价值与公允价值相符,不考虑其他因素。

固定资产验收单

2012 年 12 月 19 日

销售单位:西安红旗有限责任公司   使用部门: 单号
购货单位:西安红星有限责任公司   单位:元

固定资产名称	规格及型号	单位	数量	预计使用年限	已使用年限	原值	已提折旧	净值	协商价格
设备甲		台	1	10	0	20 0000	0	200 000	

销货单位   购货单位   备注
公章: (公章)   公章:
财务: 财务:
经办: 经办:

会计主管: 雷兰   稽核: 李光   制单: 家华

陕西省增值税专用发票

6100124120   No 00553110

开票日期:2012 年 12 月 19 日

购货单位	名 称:西安红星有限责任公司 纳税人识别号:610103443333222 地址、电话:西安市友谊西路 180 号,88419999 开户行及账号:中国工商银行黄雁支行,88878685	密码区	(略)

货物或应税劳务名称	规格型号	单位	数量	单价	金额	税率	税额
设备甲		台	1	200 000.00	¥200 000.00	17%	¥34 000.00

价税合计(大写)	⊗贰拾叁万肆仟元整	(小写)¥234 000.00

销货单位	名 称:西安红旗有限责任公司 纳税人识别号:6101126788765123 地址、电话:西安市红旗路 41 号,76338888 开户行及账号:中国工商银行红旗路支行,78878685	备注	西安红旗有限责任公司 6101126788765123 发票专用章

收款人: 石晓明   复核: 虎明   开票人: 刘京京   销货单位:(章)

第二联:发票联 购买方用作记账凭证

西安市希格玛会计事务所

资产评估报告

西安红星有限责任公司

我所受贵单位的委托，依据《中华人民共和国资产评估办法》、《中华人民共和国注册会计师法》和《企业会计制度》等规定，对贵公司接受西安红旗公司投入的设备甲进行评估，固定资产公允价值确定为 200 000 元。

评估员：李美华

中国注册会计师：张凡立

【9-2】 2012年12月19日,西安红星有限责任公司收到西安东方有限责任公司作为资本投入的原材料一批,该批原材料钢材——A投资合同或协议约定价值(不含可抵扣的增值税进项税额部分)为100 000元,增值税进项税额为17 000元。西安东方有限责任公司已开具了增值税专用发票。假设合同约定的价值与公允价值相符,该进项税额允许抵扣,不考虑其他因素,在进行会计处理时:

陕西省增值税专用发票

6100124120

No 00653210

开票日期:2012年12月19日

购货单位	名　　称:西安红星有限责任公司 纳税人识别号:610103443333222 地址、电话:西安市友谊西路180号,88419999 开户行及账号:中国工商银行黄雁支行,88878685					密码区	(略)	
货物或应税劳务名称	规格型号	单位	数量	单价	金额	税率	税额
钢材——A		吨	20	5 000.00	￥100 000.00	17%	￥17 000.00
价税合计(大写)	⊗壹拾壹万柒仟元整　　　　　(小写)￥117 000.00						
销货单位	名　　称:西安东方有限责任公司 纳税人识别号:610102788765123 地址、电话:西安市金华南路60号, 83279999 开户行及账号:中国工商银行金华南路支行,87878685					备注	西安东方有限责任公司 610102788765123 发票专用章	

收款人: 王林　　　复核: 刘强　　开票人: 金陵　　　销货单位:(章)

第二联:发票联 购买方用作记账凭证

西安市希格玛会计事务所

资产评估报告

西安红星有限责任公司

  我所受贵单位的委托，依据《中华人民共和国资产评估办法》、《中华人民共和国注册会计师法》和《企业会计制度》等规定，对贵公司接受西安东方公司投入的钢材——A进行评估，材料的公允价值确定为 100 000 元。

评估员：李美华

中国注册会计师：张凡立

【9-3】 2012年12月28日,西安红星有限责任公司原注册资本为50 000 000元,为扩大经营规模,西安红星有限责任公司扩大为51 500 000元,西安开元公司追加的现金投资1 500 000元。所占份额1 000 000元。

中国工商银行**进账单**（收账通知） 1

2012年12月28日　　　第2006号

付款人	全　称	西安开元有限责任公司	收款人	全　称	西安红星有限责任公司
	账　户	98878633		账　户	88878685
	开户银行	中国建设银行东大街支行		开户银行	中国工商银行黄雁支行

人民币（大写）	壹佰伍拾万元整	千	百	十	万	千	百	十	元	角	分
			￥1	5	0	0	0	0	0	0	0

票据种类	支票	票据张数	1
票据号码			
	复核　　　记账		

中国工商银行西安市
黄雁支行
2012.12.28
转讫
收款人开户银行盖章

此联是收款人开户银行给收款人的收账通知

实训二 留 存 收 益

【9-4】 2012 年 12 月 30 日,按 25％计提所得税,并结转到本年利润。

所得税计算表

税前会计利润	暂时性差异	永久性差异	所得税费用	应交所得税
3 232 664.75	25 806.00	20 000.00	813 166.19	819 617.69

利润分配表

利润分配项目	分配比例	分配额
提取法定盈余公积	10%	241 949.86
分配利润	20%	483 899.71

【9-5】 2012 年 12 月 30 日,将本年利润结转到利润分配账户。

【9-6】 2012 年 12 月 30 日,计提所得税。

【9-7】 2012 年 12 月 30 日,按净利润 10％提盈余公积。

【9-8】 2012 年 12 月 30 日,向投资者分配 20％的利润。

【9-9】 2012 年 12 月 30 日,将利润分配其他明细科目转入"利润分配——未分配利润"。

模块十 资产负债表、利润表、现金流量表的编制

【学习任务】

1. 能够熟练编制资产负债表。
2. 能够熟练编制利润表。
3. 能够独立编制较简单的现金流量表。

【知识目标】

1. 了解财务会计报告的作用和编制要求。
2. 掌握财务会计报告的概念和内容组成。
3. 掌握资产负债表、利润表、现金流量表的作用、结构和编制方法。
4. 了解所有者权益变动表的作用及编制方法。

【技能目标】

1. 能够正确、熟练地编制资产负债表。
2. 能够正确、熟练地编制利润表。
3. 能够编制较简单的现金流量表。
4. 掌握现金流量表与资产负债表之间的勾稽关系。
5. 掌握资产负债表与利润表之间的勾稽关系。
6. 能够正确阅读财务会计报告。

实训一 资产负债表

【10-1】 编制 2012 年 12 月 31 日资产负债表。

资 产 负 债 表

编制单位：　　　　　　　　　　　年　月　日　　　　　　　　　　　单位:元

资　产	期末余额	年初余额	负债和所有者权益	期末余额	年初余额
流动资产：			流动负债：		
货币资金			短期借款		
交易性金融资产			交易性金融负债		
应收票据			应付票据		
应收账款			应付账款		
预付账款			预收账款		
应收利息			应付职工薪酬		
应收股利			应交税费		
其他应收款			应付利息		
存货			应付股利		
一年内到期的非流动资产			其他应付款		
其他流动资产			一年内到期的非流动负债		
流动资产合计			流动负债合计		
非流动资产：			非流动负债：		
可供出售金融资产			长期借款		
持有至到期投资			应付债券		
长期应收款			长期应付款		
长期股权投资			专项应付款		
投资性房地产			预计负债		
固定资产			递延所得税负债		
在建工程			其他非流动负债		
工程物资			非流动负债合计		
无形资产			负债合计		
开发支出			所有者权益：		
商誉			实收资本（股本）		
长期待摊费用			资本公积		
递延所得税资产			减:库存股		
其他非流动资产			盈余公积		
非流动资产合计			未分配利润		
			所有者权益合计		
资产总计			负债和所有者权益合计		

企业法人：　　　　　　　　财务总监：　　　　　　　制表：

实训二 利 润 表

【10－2】 编制 2012 年 12 月利润表。

利 润 表

编制单位：　　　　　　　　　　　　　　　年　月　　　　　　　　　　　　　　单位：元

项　　　　目	本期金额	上期金额
一、营业收入		
减：营业成本		
营业税金及附加		
销售管理		
管理费用		
财务费用		
资产减值损失		
加：公允价值变动损益（损失以"－"填列）		
投资收益（损失以"－"填列）		
其中：对联营企业和合营企业的投资收益		
二、营业利润（亏损以"－"填列）		
加：营业外收入		
减：营业外支出		
其中：非流动资产处置损失		
三、利润总额（亏损以"－"填列）		
减：所得税费用		
四、净利润（净亏损以"－"填列）		
五、每股收益		
（一）基本每股收益		
（二）稀释每股收益		

企业法人：　　　　　　　财务总监：　　　　　　　制表：

实训三　现金流量表

【10-3】　编制 2012 年 12 月现金流量表。

现 金 流 量 表

编制单位：　　　　　　　　　　　　　　　年　　　月　　　　　　　　　　　　　　单位:元

项　　　　目	本期金额	上期金额
一、经营活动产生的现金流量		
销售商品、提供劳务收到的现金		
收到的税费返还		
收到的其他与经营活动有关的现金		
经营活动现金流入小计		
购买商品、接受劳务支付的现金		
支付给职工以及为职工支付的现金		
支付的各项税费		
支付的其他与经营活动有关的现金		
经营活动现金流出小计		
经营活动产生的现金流量净额		
二、投资活动产生的现金流量		
收回投资所收到的现金		
取得投资收益所收到的现金		
处置固定资产、无形资产和其他长期资产所收回的现金净额		
处置子公司及其他营业单位收到的现金金额		
收到的其他与投资活动有关的现金		
投资活动现金流入小计		
购建固定资产、无形资产和其他长期资产所支付的现金		
投资所支付的现金		
取得子公司及其他营业单位支付的现金金额		
支付的其他与投资活动有关的现金		
投资活动现金流出小计		
投资活动产生的现金流量净额		
三、筹资活动产生的现金流量		
吸收投资收到的现金		
取得借款收到的现金		
收到其他与筹资活动有关的现金		
筹资活动现金流入小计		
偿还债务支付的现金		
分配股利、利润或偿付利息支付的现金		
支付其他与筹资活动有关的现金		
筹资活动现金流出小计		
筹资活动产生的现金流量净额		
四、汇率变动对现金及现金等价物的影响		
五、现金及现金等价物净增加额		
加:期初现金及现金等价物余额		

企业法人：　　　　　　　　财务总监：　　　　　　　　制表：

参 考 答 案

编号	总分类科目	明细分类科目	借方金额	贷方金额
1—1	库存现金		10 000	
	银行存款			10 000
1—2	其他应收款	王琳	4 000	
	库存现金			4 000
1—3	待处理财产损溢	待处理流动资产损溢	50	
	库存现金			50
	其他应收款	王虹	50	
	待处理财产损溢	待处理流动资产损溢		50
1—4	库存现金		50	
	其他应收款	王虹		50
1—5	库存现金		400	
	管理费用	差旅费	3 600	
	其他应收款	王琳		4 000
1—6	银行存款		400	
	库存现金			400
1—7	其他货币资金	银行汇票	11 700	
	银行存款			11 700
1—8	原材料	钢材 A	10 000	
	应交税费	应交增值税（进项税额）	1 700	
	其他货币资金	银行汇票		11 700
2—1	其他货币资金	存出投资款	10 000 000	
	银行存款			10 000 000
2—2	交易性金融资产	成本	8 000 000	
	投资收益		20 000	
	其他货币资金	存出投资款		8 020 000
2—3	交易性金融资产	公允价值变动	100 000	
	公允价值变动损益			100 000
2—4	其他货币资金	存出投资款	8 250 000	
	交易性金融资产	成本		8 000 000

编号	总分类科目	明细分类科目	借方金额	贷方金额
		公允价值变动		100 000
	投资收益			150 000
	公允价值变动损益		100 000	
	投资收益			100 000
3—1	原材料	钢材——A	50 000	
	应交税费	应交增值税（进项税额）	8 500	
	银行存款			58 500
3—2	在途物资	钢材——B	31 000	
	应交税费	应交增值税（进项税额）	5 100	
	银行存款			35 100
	库存现金			1 000
3—3	原材料	钢材——B	31 000	
	在途物资	钢材——B		31 000
3—4	原材料	钢材——A	101 000	
	应交税费	应交增值税（进项税额）	17 000	
	应付账款	西安东方有限责任公司		117 000
	库存现金			1 000
3—5	原材料	钢材——A	50 000	
	应交税费	应交增值税（进项税额）	8 500	
	应付票据	西安东方有限责任公司		58 500
3—6	财务费用	手续费	29.25	
	银行存款			29.25
3—7	应付票据	西安东方有限责任公司	585 000	
	银行存款			585 000
3—8	在途物资	钢材——D	50 000	
	应交税费	应交增值税（进项税额）	8 500	
	预付账款	西安北方有限责任公司		58 500
3—9	生产成本	基本生产成本	500 000	
		辅助生产成本	40 000	
	制造费用	车间	5 000	
	管理费用	材料	5 000	
	原材料	钢材——B		550 000
3—10	待处理财产损溢	待处理流动资产损溢	5 000	
	原材料	钢材——A		5 000

编号	总分类科目	明细分类科目	借方金额	贷方金额
	管理费用	存货盘亏	5 000	
	待处理财产损溢	待处理流动资产损溢		5 000
3—11	材料采购	钢材——B	3 000 000	
	应交税费	应交增值税（进项税额）	510 000	
	银行存款			3 510 000
3—12	材料采购	钢材——C	200 000	
	应交税费	应交增值税（进项税额）	34 000	
	银行存款			234 000
3—13	材料采购	钢材——D	500 000	
	应交税费	应交增值税（进项税额）	85 000	
	应付票据	西安北方有限责任公司		585 000
3—14	原材料	钢材——B	3 200 000	
		钢材——D	520 000	
	材料采购			3 720 000
3—15	材料采购		220 000	
	材料成本差异	钢材——B		200 000
		钢材——D		20 000
3—16	生产成本	基本生产成本	520 000	
		辅助生产成本	52 000	
	制造费用	车间	26 000	
	管理费用	材料	5 200	
	原材料	钢材——B		603 200
3—17	材料成本差异率＝（－64 000－200 000）÷（1 024 000＋3 200 000）×100％＝－6.25％			
3—18	材料成本差异	钢材——B	30 160	
	生产成本	基本生产成本		26 000
		辅助生产成本		2 600
	制造费用	车间		1 300
	管理费用	材料		260
4—1	固定资产	设备甲	30 700	
	应交税费	应交增值税（进项税额）	5 100	
	银行存款			35 800
4—2	在建工程	设备乙	210 000	
	应交税费	应交增值税（进项税额）	34 000	
	银行存款			244 000

编号	总分类科目	明细分类科目	借方金额	贷方金额
4—3	在建工程	设备乙	30 000	
	银行存款			30 000
4—4	固定资产	设备乙	240 000	
	在建工程	设备乙		240 000
4—5	制造费用	车间	600 000	
	管理费用	折旧费	50 000	
	销售费用	折旧费	50 000	
	累计折旧			700 000
4—6（1）	固定资产清理		1 000 000	
	累计折旧		1 000 000	
	固定资产	房屋及建筑物		2 000 000
（2）	银行存款		1 200 000	
	固定资产清理			1 200 000
（3）	固定资产清理		60 000	
	应交税费	应交营业税		60 000
（4）	固定资产清理		140 000	
	营业外收入	非流动资产处置利得		140 000
5—1	无形资产	专有技术	2 000 000	
	银行存款			2 000 000
5—2	管理费用	无形资产摊销	1 000 000	
	累计摊销	专利权摊销		1 000 000
5—3	银行存款		5 500 000	
	累计摊销	专利权摊销	5 000 000	
	无形资产	专利权		10 000 000
	应交税费	应交营业税		275 000
	营业外收入	处置非流动资产利得		225 000
6—1	资产减值损失	计提的坏账准备	5 106	
	坏账准备			5 106
备注：4 702 000×0.003－9 000＝5 106（元）				
6—2	坏账准备		5 106	
	应收账款	西安大唐有限责任公司		5 106
6—3	资产减值损失	计提的存货跌价准备	10 000	
	存货跌价准备			10 000
备注：1 451 000－1 441 000＝10 000（元）				

编号	总分类科目	明细分类科目	借方金额	贷方金额
6—4	资产减值损失	计提的固定资产减值准备	700	
	固定资产减值准备			700
备注：7 070 700－7 070 000＝700(元)				
6—5	资产减值损失	计提的无形资产减值准备	10 000	
	无形资产减值准备			10 000
备注：2 000 000－1 990 000＝10 000(元)				
7—1	银行存款		120 000	
	短期借款	本金		120 000
7—2	财务费用	利息费用	1 000	
	应付利息			1 000
7—3	短期借款		120 000	
	应付利息		1 000	
	银行存款			121 000
7—4	生产成本	基本生产成本	288 000	
	生产成本	辅助生产成本	32 000	
	制造费用	职工薪酬	70 000	
	管理费用	职工薪酬	60 400	
	销售费用		11 600	
	应付职工薪酬	工资		462 000
7—5	生产成本	基本生产成本	131 040	
	生产成本	辅助生产成本	14 560	
	制造费用	车间	31 850	
	管理费用	职工薪酬	27 482	
	销售费用	职工薪酬	5 278	
	应付职工薪酬	社会养老保险金		92 400
		医疗保险金		46 200
		失业保险金		9 240
		工伤保险金		6 930
		住房公积金		55 440
7—6	应付职工薪酬	社会养老保险金	92 400	
		医疗保险金	46 200	
		失业保险金	9 240	
		工伤保险金	6 930	
	银行存款			154 770

编号	总分类科目	明细分类科目	借方金额	贷方金额
7—7	应付职工薪酬	住房公积金	55 440	
	银行存款			55 440
7—8	应付职工薪酬	工资	462 000	
	其他应收款	职工房租		40 000
		代垫医药费		2 000
	银行存款			420 000
7—9	银行存款		400 000	
	长期借款	本金		400 000
	固定资产	设备——丙	300 000	
	应交税费	应交增值税(进项税额)	51 000	
	银行存款			351 000
7—10	财务费用	利息费用	1 000	
	长期借款	应计利息		1 000
7—11	长期借款	本金	4 000 000	
		应计利息	600 000	
	银行存款			4 600 000
7—12	银行存款		1 200 000	
	应付债券	面值		1 200 000
7—13	在建工程		10 000	
	应付债券	应计利息		10 000
7—14	财务费用	利息	30 000	
	应付利息			30 000
	应付利息		30 000	
	银行存款			30 000
	应付债券	面值	600 000	
	银行存款			600 000
8—1 (1)	应收账款	西安大唐有限责任公司	702 000	
	主营业务收入	游艺机甲		600 000
	应交税费	应交增值税(销项税额)		102 000
(2)	主营业务成本	游艺机甲	400 000	
	库存商品	游艺机甲		400 000
8—2 (1)	银行存款		3 510 000	
	主营业务收入	游艺机丙		3 000 000
	应交税费	应交增值税(销项税额)		510 000

编号	总分类科目	明细分类科目	借方金额	贷方金额
（2）	主营业务成本	游艺机丙	2 000 000	
	库存商品	游艺机丙		2 000 000
8—3（1）	主营业务收入	游艺机乙	20 000	
	应交税费	应交增值税（销项税额）	3 400	
	应付账款	开元公司		23 400
（2）	库存商品	游艺机乙	15 000	
	主营业务成本	游艺机乙		15 000
8—4（1）	银行存款		2 106 000	
	主营业务收入	游艺机乙		1 800 000
	应交税费	应交增值税（销项税额）		306 000
（2）	主营业务成本	游艺机乙	1 500 000	
	库存商品	游艺机乙		1 500 000
8—5（1）	应收账款	西安民生有限责任公司	2 340 000	
	主营业务收入	游艺机丁		2 000 000
	应交税费	应交增值税（销项税额）		340 000
（2）	主营业务成本	游艺机丁	1 250 000	
	库存商品	游艺机丁		1 250 000
8—6	银行存款	西安民生有限责任公司	2 300 000	
	财务费用	手续费	40 000	
	应收账款	西安民生有限责任公司		2 340 000
8—7（1）	预收账款	西安百盛有限责任公司	3 510 000	
	主营业务收入	游艺机丙		3 000 000
	应交税费	应交增值税（销项税额）		510 000
（2）	主营业务成本	游艺机丙	2 000 000	
	库存商品	游艺机丙		2 000 000
8—8（1）	应收票据	西安南湖有限责任公司	3 510 000	
	主营业务收入	游艺机丙		3 000 000
	应交税费	应交增值税（销项税额）		510 000
（2）	主营业务成本	游艺机丙	2 000 000	
	库存商品	游艺机丙		2 000 000
8—9（1）	银行存款		11 700	
	其他业务收入	钢材——B		10 000
	应交税费	应交增值税（销项税额）		1 700
（2）	其他业务成本	钢材——B	6 000	
	原材料	钢材——B		6 000

编号	总分类科目	明细分类科目	借方金额	贷方金额
8－10	委托代销商品	游艺机甲	100 000	
	库存商品	游艺机甲		100 000
8－11	应收账款	西安万千有限责任公司	175 500	
	主营业务收入	游艺机甲		150 000
	应交税费	应交增值税（销项税额）		25 500
8－12	主营业务成本		100 000	
	委托代销商品			100 000
8－13	销售费用	代销手续费	15 000	
	应收账款	西安万千有限责任公司		15 000
8－14	银行存款		160 500	
	应收账款	西安万千有限责任公司		160 500
8－15	应交税费	应交增值税（已交税金）	2 111 400	
	银行存款			2 111 400
8－16	营业税金及附加		244 640	
	应交税费	应交城建税		171 248
	备注：城市维护建设税＝（2 111 400＋335 000）×7％＝171 248(元)			
		应交教育费附加		73 392
	备注：教育费附加＝（2 111 400＋335 000×3％＝73 392(元)			
8－17	销售费用	广告费	8 000	
	银行存款			8 000
8－18	销售费用	保险费	5 000	
	银行存款			5 000
8－19	管理费用	业务招待费	50 000	
	银行存款			50 000
8－20	库存现金		500	
	营业外收入	罚款收入		500
8－21	营业外支出	罚款支出	20 000	
	银行存款			20 000
8－22	管理费用	办公费	3 000	
	银行存款			3 000
8－23	主营业务收入		13 530 000	
	其他业务收入		10 000	
	投资收益		230 000	
	营业外收入		365 500	
	本年利润			14 135 500

编号	总分类科目	明细分类科目	借方金额	贷方金额
8－24	本年利润		10 902 835.25	
	主营业务成本			9 235 000.00
	其他业务成本			6 000.00
	营业税金及附加			244 640.00
	销售费用			94 878.00
	管理费用			1 204 482.00
	财务费用			72 029.25
	资产减值损失			25 806.00
	营业外支出			20 000.00
9－1	固定资产	设备甲	200 000	
	应交税费	应交增值税（进项税额）	34 000	
	实收资本	西安红旗有限责任公司		234 000
9－2	原材料	钢材 A	100 000	
	应交税费	应交增值税（进项税额）	17 000	
	实收资本	西安东方有限责任公司		117 000
9－3	银行存款		1 500 000	
	实收资本	西安开元有限责任公司		1 000 000
	资本公积	资本溢价		500 000
9－4	本年利润		813 166.19	
	所得税费用			813 166.19
9－5	本年利润		2 419 498.56	
	利润分配	未分配利润		2 419 498.56
9－6	所得税费用		813 166.19	
	递延所得税资产		6 451.50	
	应交税费	应交所得税		819 617.69
9－7	利润分配	提取法定盈余公积	241 949.86	
	盈余公积	法定盈余公积		241 949.86
9－8	利润分配	应付利润	483 899.71	
	应付利润			483 899.71
9－9	利润分配	未分配利润	725 849.57	
	利润分配	提取法定盈余公积		241 949.86
		应付利润		483 899.71

科 目 汇 总 表

期间：2012 年 12 月 1 日至 31 日　　　　　　　　　　　　　　　　单位：元

序号	科　　目	借方（发生额）	贷方（发生额）	余　　额	
				借方	贷方
1	库存现金	10 950.00	5 450.00	10 500.00	
2	银行存款	18 008 600.00	21 539 739.25	15 753 860.75	
3	其他货币资金	18 261 700.00	8 031 700.00	10 293 000.00	
4	交易性金融资产	8 100 000.00	8 100 000.00	150 000.00	
5	应收票据	3 510 000.00		5 970 000.00	
6	应收账款	3 217 500.00	2 520 606.00	4 696 894.00	
7	原材料	342 000.00	561 000.00	911 000.00	
8	其他应收款	4 050.00	46 050.00		42 000.00
9	预付账款		58 500.00	41 500.00	
10	库存商品	15 000.00	9 250 000.00	15 435 000.00	
11	坏账准备	5 106.00	5 106.00		9 000.00
12	制造费用	706 850.00		706 850.00	
13	长期股权投资		2 500 000.00		
14	固定资产	770 700.00	2 000 000.00	7 770 700.00	
15	累计折旧	1 000 000.00	700 000.00		700 000.00
16	在建工程	250 000.00	240 000.00	5 010 000.00	
17	无形资产	2 000 000.00	10 000 000.00	2 000 000.00	
18	累计摊销	5 000 000.00	1 000 000.00		
19	短期借款	120 000.00	120 000.00		3 000 000.00
20	应付账款		141 400.00		689 400.00
21	应交税费	2 305 200.00	3 704 457.69		1 765 257.69
22	长期借款	4 600 000.00	401 000.00		401 000.00
23	预收账款	3 510 000.00			5 490 000.00
24	其他应付款				640 000.00
25	应付债券	600 000.00	1 210 000.00		1 210 000.00
26	固定资产清理	1 200 000.00	1 200 000.00		
27	应付票据	585 000.00	58 500.00		1 473 500.00
28	应付职工薪酬	672 210.00	672 210.00		1 100 000.00
29	实收资本		1 351 000.00		51 351 000.00

序号	科　目	借方（发生额）	贷方（发生额）	余　额	
				借方	贷方
30	盈余公积		241 949.86		1 241 949.86
31	营业外收入	365 500.00	365 500.00		
32	资产减值损失	25 806.00	25 806.00		
33	存货跌价准备		10 000.00		10 000.00
34	固定资产减值准备		700.00		700.00
35	其他业务收入	10 000.00	10 000.00		
36	其他业务成本	6 000.00	6 000.00		
37	委托代销商品	100 000.00	100 000.00		
38	营业外支出	20 000.00	20 000.00		
39	资本公积		500 000.00		500 000.00
40	利润分配	1 451 699.14	3 145 348.13		2 193 648.99
41	主营业务收入	13 530 000.00	13 530 000.00		
42	主营业务成本	9 235 000.00	9 235 000.00		
43	营业税金及附加	244 640.00	244 640.00		
44	管理费用	1 204 482.00	1 204 482.00		
45	财务费用	72 029.25	72 029.25		
46	销售费用	94 878.00	94 878.00		
47	本年利润	14 135 500.00	14 135 500.00		
48	待处理财产损益	5 050.00	5 050.00		
49	投资收益	230 000.00	230 000.00		
50	公允价值变动损益	100 000.00	100 000.00		
51	应付利息	31 000.00	31 000.00		
52	生产成本	1 005 600.00		1 005 600.00	
53	在途物资	81 000.00	31 000.00	50 000.00	
54	无形资产减值准备		10 000.00		10 000.00
55	所得税费用	813 166.19	813 166.19		
56	递延所得税资产	6 451.50		6 451.50	
57	应付利润		483 899.71		483 899.71
合计		115 451 268.08	115 451 268.08	74 422 756.25	74 422 756.25

注：原材料用实际成本核算。

资产负债表

编制单位：西安红星有限责任公司　　　　　2012年12月31日　　　　　　　　单位：元

资产	期末余额	年初余额（略）	负债和所有者权益	期末余额	年初余额（略）
流动资产：			流动负债：		
货币资金	26 057 360.75		短期借款	3 000 000.00	
交易性金融资产	150 000.00		交易性金融负债		
应收票据	5 970 000.00		应付票据	1 473 500.00	
应收账款	4 687 894.00		应付账款	689 400.00	
预付账款	41 500.00		预收账款	5 490 000.00	
应收利息			应付职工薪酬	1 100 000.00	
应收股利			应交税费	1 765 257.69	
其他应收款			应付利息		
存货	18 098 450.00		应付股利	483 899.71	
一年内到期的非流动资产			其他应付款	682 000.00	
其他流动资产			一年内到期的非流动负债		
流动资产合计			流动负债合计		
非流动资产：			非流动负债：		
可供出售金融资产			长期借款	401 000.00	
持有至到期投资			应付债券	1 210 000.00	
长期应收款			长期应付款		
长期股权投资	2 500 000.00		专项应付款		
投资性房地产			预计负债		
固定资产	7 070 000.00		递延所得税负债		
在建工程	5 010 000.00		其他非流动负债		
工程物资			非流动负债合计		
无形资产	1 990 000.00		负债合计		
开发支出			所有者权益		
商誉			实收资本（股本）	51 351 000.00	
长期待摊费用			资本公积	500 000.00	
递延所得税资产	6 451.50		减：库存股		
其他非流动资产			盈余公积	1 241 949.86	
非流动资产合计			未分配利润	2 193 648.99	
			所有者权益合计		
资产总计	71 581 656.25		负债和所有者权益合计	71 581 656.25	

企业法人：李刚　　　　　　　财务总监：雷鸣　　　　　　　制表：李光

利 润 表

编制单位：西安红星有限责任公司　　　　　2012 年 12 月　　　　　单位：元

项　　目	本期金额	上期金额（略）
一、营业收入	13 540 000.00	
减：营业成本	9 241 000.00	
营业税金及附加	244 640.00	
销售管理	94 878.00	
管理费用	1 204 482.00	
财务费用	72 029.25	
资产减值损失	25 806.00	
加：公允价值变动损益（损失以"－"填列）		
投资收益（损失以"－"填列）	230 000.00	
其中:对联营企业和合营企业的投资收益		
二、营业利润（亏损以"－"填列）	2 887 164.75	
加：营业外收入	365 500.00	
减：营业外支出	20 000.00	
其中:非流动资产处置损失		
三、利润总额（亏损以"－"填列）	3 232 664.75	
减：所得税费用	813 166.19	
四、净利润（净亏损以"－"填列）	2 419 498.56	
五、每股收益		
（一）基本每股收益		
（二）稀释每股收益		

现 金 流 量 表

编制单位：西安红星有限责任公司　　　　　2012 年 12 月　　　　　单位：元

项　　目	本期金额	上期金额
一、经营活动产生的现金流量		
销售商品、提供劳务收到的现金	8 088 200.00	
收到的税费返还		
收到的其他与经营活动有关的现金	550.00	
经营活动现金流入小计	8 088 750.00	
购买商品、接受劳务支付的现金	691 300.00	
支付给职工以及为职工支付的现金	630 210.00	
支付的各项税费	2 111 400.00	
支付的其他与经营活动有关的现金	89 679.25	
经营活动现金流出小计	3 552 589.25	
经营活动产生的现金流量净额	4 566 160.75	
二、投资活动产生的现金流量		
收回投资所收到的现金	8 100 000.00	
取得投资收益所收到的现金	150 000.00	
处置固定资产、无形资产和其他长期资产所收回的现金净额	6 700 000.00	
处置子公司及其他营业单位收到的现金金额		
收到的其他与投资活动有关的现金		
投资活动现金流入小计	14 950 000.00	
购建固定资产、无形资产和其他长期资产所支付的现金	2 660 800.00	
投资所支付的现金	8 020 000.00	
取得子公司及其他营业单位支付的现金金额		
支付的其他与投资活动有关的现金		
投资活动现金流出小计	10 680 800.00	
投资活动产生的现金流量净额	4 269 200.00	
三、筹资活动产生的现金流量		
吸收投资收到的现金	2 700 000.00	
取得借款收到的现金	520 000.00	
收到其他与筹资活动有关的现金		
筹资活动现金流入小计	3 220 000.00	
偿还债务支付的现金	4 720 000.00	
分配股利、利润或偿付利息支付的现金	631 000.00	
支付其他与筹资活动有关的现金		
筹资活动现金流出小计	5 351 000.00	
筹资活动产生的现金流量净额	− 2 131 000.00	
四、汇率变动对现金及现金等价物的影响		
五、现金及现金等价物净增加额	6 704 360.75	
加：期初现金及现金等价物余额	19 353 000.00	
六、期末现金及现金等价物余额	26 057 360.75	

注：报表答案原材料用实际成本核算。